新学習指導要領対応

小学校音楽

イチ押し **授業モデル**

低学年

指導案形式で
分かりやすい！

授業展開から
評価まで
ていねいな解説！

授業づくりの
アイデアが
たくさん！

今村行道・津田正之 編著

明治図書

はじめに

　令和の教育の道標となる，新学習指導要領（平成29年告示）が，令和２年度から全面実施となりました。教科書が新しくなり，学習評価に関する参考資料も公刊されました。新しい時代の音楽科教育に，今，大きな関心と期待が集まっています。

　そのような状況を踏まえ，新学習指導要領の趣旨を踏まえた音楽の授業を担う全国の先生方のお役に立てることを願い，本書『新学習指導要領対応　小学校音楽イチ押し授業モデル』（低・中・高学年　全３巻）を編みました。

　１章では，新学習指導要領でつくる，これからの音楽授業について理解を深めていただくことを目的に，下記の点について編者の今村と津田で解説しました。
・新学習指導要領の目標や内容，育成する資質・能力，学習評価の趣旨
・趣旨を踏まえた授業構成のポイント
・低学年の目標や，発達段階を踏まえた学習活動（歌唱，器楽，音楽づくり，鑑賞）の特徴
・低学年の題材・教材一覧と，発達段階を踏まえた教材（歌唱，器楽，鑑賞）の特徴
・年間指導計画作成のポイント

　２章では，新学習指導要領の趣旨を踏まえた，低学年の音楽の授業モデルとなる20の題材モデル（実践事例）を紹介しました。歌唱，器楽，音楽づくり，鑑賞の活動を中心とした実践事例が，それぞれ５本ずつ掲載されています。各題材の内容などに応じた学習指導案の作成方法や，それぞれの実践における授業づくりのポイントなどについて，一般的な学習指導案の書式を通して，分かりやすく示すようにしました。

　本書が，全国の熱意ある先生方のお役に立つことができましたら，この上ない喜びです。

　題材モデルの執筆を担当してくださったのは，編者がこれまで各種研究会でご縁をいただいた横浜，千葉，埼玉などの先生方です。新学習指導要領の趣旨をよくご理解いただき，趣旨を踏まえた優れた実践事例をご提供いただきました。また，本書の編集を担当してくださった明治図書の木村悠さんは，遅筆の編者を叱咤激励しつつ，迅速かつていねいに編集作業を進めてくださいました。本書の刊行にご尽力いただいた全ての皆様に，厚く御礼を申し上げます。

2020年10月

今村　行道，津田　正之

も　く　じ

♪ 鑑賞

1章
新学習指導要領でつくる！これからの音楽授業

1990（平成2年）：**57.6%** ⇨ 2015（平成27年）：**71.5%**

　この数値は，好きな教科の調査で「音楽が好き（とても好き＋好き）」と回答した児童（第5学年）の割合の変化です[1]。**25年間で「音楽が好き」**という児童の割合が13.9%増加しています。

　平成は「児童主体の授業づくり」を進めてきた時代でした。数値の変化は，これまで全国の先生方が学習指導要領の趣旨を踏まえ，意欲的に授業改善を図ってきた成果の一端を表していると言えるでしょう。

　令和の時代は，これまでの授業改善の成果をしっかりと受け継ぎ，音楽の授業がさらに充実することが期待されます。1章では，新学習指導要領の趣旨と，その趣旨を踏まえた授業づくりについて解説します。

1 新学習指導要領―目標や内容，学習評価の示し方の変化―

❶ 目標の示し方

　新学習指導要領では，教科の目標は次のように示されています。

　<u>表現及び鑑賞の活動を通して</u>，<u>音楽的な見方・考え方を働かせ</u>，<u>生活や社会の中の音や音楽と豊かに関わる資質・能力</u>を次のとおり育成することを目指す。　　　　※下線，二重線，－〔　〕引用者

(1) 曲想と音楽の構造などとの関わりについて理解するとともに，表したい音楽表現をするために必要な技能を身に付けるようにする。　　　　　　　　　　　　　　　　　－〔知識及び技能〕

(2) 音楽表現を工夫することや，音楽を味わって聴くことができるようにする。

　　　　　　　　　　　　　　　　　　　　　　　　　　　－〔思考力，判断力，表現力等〕

(3) 音楽活動の楽しさを体験することを通して，音楽を愛好する心情と音楽に対する感性を育むとともに，音楽に親しむ態度を養い，豊かな情操を培う。　　　－〔学びに向かう力，人間性等〕

　冒頭では，次のことが示されています。

　音楽科は，「<u>生活や社会の中の音や音楽と豊かに関わる資質・能力</u>」の育成を目指す教科であること〔目的〕，資質・能力の育成に当たっては，「<u>表現及び鑑賞の活動を通して</u>」「<u>音楽的な見方・考え方を働かせ</u>」て学習に取り組めるようにする必要があること〔方法〕。

　「音楽的な見方・考え方」とは「音楽科の特質に応じた，物事を捉える視点や考え方」であ

---

[1] ベネッセ教育情報サイト「25年間で子どもの好きな教科はどう変わった？」ベネッセ教育総合研究所が実施した好きな教科・活動の調査　https://benesse.jp/kyouiku/201706/20170607-2.html

り，「音楽に対する感性を働かせ，音や音楽を，音楽を形づくっている要素とその働きの視点で捉え，自己のイメージや感情，生活や文化などと関連付けること」とされています。資質・能力を育成するために働かせる「学びのエンジン」の役割を担っています。

「生活や社会の中の音や音楽と豊かに関わる資質・能力」とは，(1)，(2)，(3) を指し，(1)「知識及び技能」の習得，(2)「思考力，判断力，表現力等」の育成，(3)「学びに向かう力，人間性等」の涵養に関する目標で構成されています。新学習指導要領では，全ての教科等の目標や内容が，この「三つの柱」で再整理されました。下記は，従前の教科の目標の文言が，新しい目標でどのように位置付けられたのかを示したものです。

従前（平成10，20年改訂）の目標	新しい目標（平成29年改訂）での位置付け
・表現及び鑑賞の活動を通して，	・目標の文頭（柱書）に位置付けている。
・音楽を愛好する心情と音楽に対する感性を育てるとともに，	・(3)（「学びに向かう力，人間性等」の涵養に関する目標）として位置付けている。
・音楽活動の基礎的な能力を培い，	・(1)（「知識及び技能」の習得に関する目標）及び (2)（「思考力，判断力，表現力等」の育成に関する目標）として位置付けている。
・豊かな情操を養う。	

❷ 内容の示し方

下表は，新学習指導要領の内容構成を，目標，学習評価との関係を含めて示したものです。

育成する資質・能力			知識及び技能	思考力，判断力，表現力等	学びに向かう力，人間性等
教科の目標			(1)	(2)	(3)
学年の目標			(1)	(2)	(3)
内容	A表現	(1)歌唱	イ	ウ(ア)(イ)(ウ)	ア	学びに向かう力，人間性等は，内容の学習を通し育成されるものである。
		(2)器楽	イ(ア)(イ)	ウ(ア)(イ)(ウ)	ア	
		(3)音楽づくり	イ(ア)(イ)	ウ(ア)(イ)	ア(ア)(イ)	
	B鑑賞　(1)鑑賞		イ	－	ア	
	〔共通事項〕(1)		イ	－	ア	
観点別学習状況の評価の観点			知識・技能	思考・判断・表現	主体的に学習に取り組む態度

内容の示し方の変更点は，「A表現」，「B鑑賞」及び〔共通事項〕(1) の内容が，ア「思考力，判断力，表現力等」，イ「知識」，ウ「技能」に再整理されたことです。

下記は，従前の内容の一例です。一つの事項に対して，複数の資質・能力が一体的に表記されていることがありました。高学年の (1) 歌唱の事項イです。

(1) 歌唱イ：歌詞の内容，曲想を生かした表現を工夫し，思いや意図をもって 歌うこと。
〔知識〕　　　　　　　　　　〔思考力，判断力，表現力等〕　〔技能〕　　※下線〔 〕等引用者

一方，下記は，新学習指導要領の内容の一例です。高学年（1）歌唱の事項ア，イ，ウです。

A　表　現　　　　　　　　　　　　　　　　　　※下線，－〔　〕引用者

（1）歌唱の活動を通して，次の事項を身に付けることができるよう指導する。

　ア　歌唱表現についての<u>知識や技能を得たり生かしたり</u>しながら，曲の特徴にふさわしい表現を工

　　夫し，どのように歌うかについて思いや意図をもつこと。－〔思考力，判断力，表現力等〕

　イ　曲想と音楽の構造や歌詞の内容との関わりについて理解すること。－〔知識〕

　ウ　<u>思いや意図に合った表現をするために必要な</u>次の(ア)から(ウ)までの技能を身に付けること。

　　　(ア)　範唱を聴いたり，ハ長調及びイ短調の楽譜を見たりして歌う技能

　　　(イ)　呼吸及び発音の仕方に気を付けて，自然で無理のない，響きのある歌い方で歌う技能

　　　(ウ)　各声部の歌声や全体の響き，伴奏を聴いて，声を合わせて歌う技能　－〔技能〕

新学習指導要領では，資質・能力別に再整理され，**指導内容が一層明確**になっています。

2　新学習指導要領で育成する資質・能力

❶「知識」の内容―感じ取り，理解したものと捉える

　音楽を形づくっている要素の働きなどについて理解し，表現や鑑賞などに生かすことができる知識，学習の過程において，**音楽に対する感性を働かせて感じ取り，理解した知識**として位置付けられています。単に作曲者，記号や用語等の名称を覚えることだけではありません。

❷「技能」の内容―「思考力，判断力，表現力等」との関連を図る

　ウの冒頭に「思いや意図に合った表現をするために必要な」と示されているように，**表したい思いや意図と関わらせて習得できるようにすべき内容**として位置付けられています。

❸「思考力，判断力，表現力等」の内容―「知識」や「技能」との関連を図る

　表現及び鑑賞の事項アの冒頭に「知識（や技能）を得たり生かしたり」と示されているように，**知識や技能の習得・活用と関わらせて育成する内容**として位置付けられています。

　〔共通事項〕（1）アについては，従前の内容に「聴き取ったことと感じ取ったこととの関わりについて考えること」が加えられ，「思考力，判断力，表現力等」に関する内容として明記されました。聴き取ったことと感じ取ったことのそれぞれを自覚し，確認しながら結び付けていくという思考を働かせることが，曲想と音楽の構造との関わりについて理解したり，音楽表現を工夫したり，曲や演奏のよさなどを見いだしたりするために重要となります。

❹「学びに向かう力，人間性等」─主体的・協働的な学びを重視する

　教科の目標には，主体的，創造的に音楽活動に取り組む楽しさを実感しながら，**音楽を愛好する心情，音楽に対する感性，音楽に親しむ態度，豊かな情操**を培うことが明記されています。また，学年の目標には，児童が**自ら音楽に関わり，協働して音楽活動をする楽しさ**を感じたり味わったりしながら，**様々な音楽に親しむこと**，音楽の授業で得た**音楽経験を生かして生活を明るく潤いのあるものにしようとする**態度を育てることが，全学年共通に明記されています。

3 新しい学習評価

❶ 新しい評価の観点とその趣旨

　平成29年の改訂を踏まえた新しい学習評価は，「知識・技能」，「思考・判断・表現」，「主体的に学習に取り組む態度」の三観点に整理されました。新しい「評価の観点とその趣旨」(2019)[2]は下記の通りです。**教科及び学年の目標，内容と整合するように示されています。**

知識・技能	思考・判断・表現	主体的に学習に取り組む態度
・曲想と音楽の構造との関わりについて理解している。【知識】 ・表したい音楽表現をするために必要な技能を身に付け，歌ったり，演奏したり，音楽をつくったりしている。【技能】	音楽を形づくっている要素を聴き取り，それらの働きが生み出すよさや面白さ，美しさを感じ取りながら，聴き取ったことと感じ取ったこととの関わりについて考え，どのように表すかについて思いや意図をもったり，曲や演奏のよさなどを見いだし，音楽を味わって聴いたりしている。	音や音楽に親しむことができるよう，音楽活動を楽しみながら主体的・協働的に表現及び鑑賞の学習活動に取り組もうとしている。 ※【　】，下線：引用者

❷「知識・技能」及び「思考・判断・表現」

　「知識」と「技能」は，内容の表記（イ知識，ウ技能）に合わせて別々に示されています。「思考・判断・表現」については，〔共通事項〕(1) ア（下線）と，「A表現」（歌唱，器楽，音楽づくり）ア（二重線），「B鑑賞」ア（波線）について示されています。

　目標や内容と観点の趣旨との違いは，文末を「**理解している**」「**歌っている**」「**もっている**」「**取り組もうとしている**」のように，学習状況を見取る趣旨を明確にしている点です。

❸「主体的に学習に取り組む態度」

　「主体的に学習に取り組む態度」は，教科及び学年の目標の (3)「学びに向かう力，人間性等」のうち，「**観点別学習状況の評価を通じて見取ることができる部分**」に対応します。感性，

---

2 文部科学省「小学校，中学校，高等学校及び特別支援学校等における児童生徒の学習評価及び指導要録の改善等について（通知）」（平成31年3月，文科初第1845号初等中等教育局長通知）。

情操，生活を明るく潤いのあるものにしようとする態度などは，個人内評価を通じて見取る部分となります。本観点では，「知識や技能を獲得したり，思考力，判断力，表現力等を身に付けたりすることに向けた粘り強い取組を行おうとしている側面」，「粘り強い取組を行う中で，自らの学習を調整しようとする側面」の二つを評価することが求められます。

　なお，学習評価の詳細については，「『指導と評価の一体化』のための学習評価に関する参考資料（小学校音楽）」（国立教育政策研究所，2020，東洋館出版社）をご参照ください。

4 授業（題材）構成のポイント

　一連の授業を構成する実質的な単位が「題材」です。ここでは，新しい目標，内容，学習評価を踏まえて，どのように授業（題材）を構成するのか，そのポイントを解説します。

❶ 一題材を構成する内容の単位

　各題材の内容は，歌唱，器楽，音楽づくり，鑑賞の活動ベースで構成します。

　各題材に盛り込むべき内容は，次のA（1），A（2），A（3），B（1）のまとまりを基本とします。A（1），A（2），A（3），B（1）において，ア「思考力，判断力，

> A（1）：歌唱（ア，イ，ウ）及び〔共通事項〕（1）ア
> A（2）：器楽（ア，イ，ウ）及び〔共通事項〕（1）ア
> A（3）：音楽づくり（ア，イ，ウ）及び〔共通事項〕（1）ア
> B（1）：鑑賞（ア，イ）及び〔共通事項〕（1）ア

表現力等」，イ「知識」，ウ「技能」の事項を互いに関連付けながら全て扱うこと〔(ｱ)(ｲ)(ｳ)については一つ以上〕，各活動の事項と〔共通事項〕(1) アとの関連を十分に図ることが必須の要件です。〔共通事項〕の扱いについては，思考・判断のよりどころとなる主な「音楽を形づくっている要素」を明確にしておくことが必要です。

　また，(3) 音楽づくりは，「音遊びや即興的な表現の活動」〔ア，イ，ウの各事項の(ｱ)〕と，「音を音楽へと構成する活動」〔ア，イ，ウの各事項の(ｲ)〕の二つの活動からなります。音楽づくりの題材では，何らかの形で両方の活動が含まれるものですが，育成する資質・能力を明確にする観点から，学習として位置付ける内容を，(ｱ)の内容のまとまりとするか，(ｲ)の内容のまとまりとするか，(ｱ)と(ｲ)の両方の内容のまとまりとするか，を明確にして題材を構成することが大切です。

　さらに，A（1），A（2），A（3），B（1）を一つの単位とした上で，表現及び鑑賞の各活動の学習が充実するように，適宜，「音楽づくり」と「鑑賞」のように，領域や分野の関連を図った題材構成を工夫することも必要です。その際，祭り囃子の音楽の鑑賞を充実するために，実際に和太鼓を打ったり，音楽づくりの活動を充実するために，曲の一部を聴かせたりすることがあります。このような場合は，器楽や鑑賞の事項の学習としては扱いません。

❷ 題材の目標及び評価規準の示し方

　題材の目標は，学年の目標と扱う事項を基に設定します。学年の目標に準じて，(1)「知識及び技能」の習得，(2)「思考力，判断力，表現力等」の育成，(3)「学びに向かう力，人間性等」の涵養の「三つの柱」で設定する方法が分かりやすいでしょう。(1) や (2) の文言は，基本的に扱う事項の文言を用いて，**教材曲を記入する**，思考・判断のよりどころとなる主な「**音楽を形づくっている要素**」の具体を記入する，などして題材の内容に合うように調整します。

　評価の観点は，必然的に目標に準じたものになりますが，(3) の評価については「**主体的に学習に取り組む態度**」として評価します。その際「**題材の目標や評価規準の設定**」においては，次のような示し方を基本にするとよいでしょう。[] 部分は題材の内容に即して記入します。

　[その題材の学習に粘り強く取り組んだり，自らの学習を調整しようとする意思をもったりできるようにするために必要となる，取り扱う教材曲の特徴や学習内容など，興味・関心をもたせたい事柄] に興味・関心をもち，音楽活動を楽しみながら主体的・協働的に [該当する学習活動，歌唱，器楽，音楽づくり，鑑賞から選択] の学習活動に取り組み，[題材の学習を通して親しみをもてるようにしたい事柄] に親しむ。※評価規準では下線部をカットし，前の文の文末を「取り組もうとしている」に調整。

❸ 指導と評価の計画─指導と評価の一体化を図る

　指導と評価を充実するためには，指導過程においてそれぞれの資質・能力に関する内容を相互に関わらせながら，どの場面でどのように育成しどのように見取るのか，を明確にすることが必要です。評価の計画では，児童の学習状況を把握し，学習の改善に向けて教師がていねいに働きかける「指導に生かす評価」の場面を，「矢印（↓）」を付けて表しています。特に「主体的に学習に取り組む態度」の指導と評価では，この点が重要になります。その上で，全員の学習状況を記録に残す「記録に残す評価」の場面を，「知」「技」「思」「態」などの略語で表しています。

　また，評価の方法には，「学習状況の観察」，「演奏表現」，「発言」，「学習カード・ワークシート」などがあります。各評価規準に照らして適切な方法を選択します。

❹ 資質・能力が身に付いている児童の姿の想定

　指導と評価を充実するためには，**資質・能力が身に付いている児童の姿を具体的に想定する**ことが大事です。学習指導要領解説には，具体的なイメージが掲載されています。

【曲想及びその変化と，音楽の構造との関わりについて理解している姿】　高学年：鑑賞イ
・ゆったりとしておだやかな感じから，動きのあるにぎやかな感じに変わったのは，尺八が旋律で箏が伴奏をしているような音楽が，真ん中では箏と尺八が呼びかけてこたえているような音楽になっているから。

【どのように歌うかについて思いや意図をもっている姿】　中学年：歌唱ア

・2羽の鳥が呼びかけ合いながら遠ざかっていく感じが伝わるように，強く，やや弱く，やや強く，弱く歌おう。

　　題材（教材曲，学習活動）の特質に応じて資質・能力が身に付いている児童の姿を想定することが，指導と評価の一体化と，教師による児童の働きかけの質を高めていきます。そのためには，**具体的な指導法も含めた教材研究**を深めることが重要です。

❺「主体的・対話的で深い学び」の視点からの授業改善

　　資質・能力を育成するために，「主体的な学び」「対話的な学び」「深い学び」の視点から授業改善を図ることが指導計画作成上のポイントとして強調されています。本書で紹介する事例も，これらの視点を生かして提案されています。要点を列挙しましょう。

・「主体的な学び」：学習の見通しをもてるようにすること，**学んだことを振り返り，自己の学びや変容を自覚し，次の学びにつなげていけるようにすること**が大切です。

・「対話的な学び」：友達との対話，教師との対話，作品との対話，地域の方との対話，つくり手（作詞，作曲者）との対話など，**多様な他者との対話を通して，自分の考えなどを広げたり深めたりできるようにすること**が大切です。

・「深い学び」：題材の学習過程において「音楽的な見方・考え方」を働かせることができるようにすることが大切です。具体的には，音楽的な見方・考え方を働かせた学びを通して，知識を相互に関連付けて理解を深めている姿，知識や技能の習得・活用との関連を十分に図りながら音楽表現の思いや意図を高めている姿など，**学びが深まっている児童の姿を描き，その姿の実現に向けて効果的な指導の手立てを工夫すること**が求められます。

❻ ICT の活用

　　ICT の活用はこれからの音楽科教育の**必須のアイテム**です。五つのポイントを紹介します。

【学習指導の準備と評価のための教師による ICT 活用】

　　まず，教師が授業で使う**教材や資料を収集する**ために，インターネット等を活用することができます。次に，授業に必要な**掲示資料を作成する**ために，プレゼンテーションソフトなどを活用することができます。また，児童の**学習評価を適切に行う**ために，児童の演奏等を IC レコーダー等で記録し，学習評価資料を集積することができます。

【授業での教師による ICT 活用】

　　授業の導入部分における ICT 活用は，**学習内容への興味・関心を高める有効な手段**です。和楽器などの演奏の様子を，教科書会社等発信のデジタルコンテンツなどで視聴させることで，児童が演奏方法や姿勢などについて学習する際に，実際の演奏への意欲付けを行うことができ

ます。

　また，改善点や工夫点などの学習課題を明確に把握できるようにするために，**児童が歌ったり，楽器を演奏したりしている様子をタブレットなどで撮影する**といった活用も考えられます。

【児童による ICT 活用】

　児童が ICT を活用する際は，**発達の段階を考慮する**ことが大切です。特に低学年では，基本的な操作の習得や体験活動を通して機器に慣れ，**段階的に ICT に触れる機会を増やしてい**き，授業内で**児童が活用していく方法を探っていく**ことが重要です。

　具体的には，次のようなことが考えられます。

・教材曲や作曲者，作詞者などの情報を，インターネットなどを活用して収集すること。
・友達と協力して音楽制作用ソフトやアプリ等を活用し，音の長さや高さの組合せ，フレーズの重ね方を，視覚と聴覚で確認しながら試行錯誤し，リズムや旋律をつくること。
・自分たちの演奏を，IC レコーダーやタブレットなどを活用して録音・録画し記録することで，演奏のよさや課題に自ら気付くようにすること。

【プログラミング教育における ICT 活用】

　音楽科におけるプログラミング教育については，文部科学省『**プログラミング教育の手引**』第三版（2020）〈同省ホームページ参照〉に，「B－①　様々なリズム・パターンを組み合わせて音楽をつくることを，プログラミングを通して学習する場面（第3学年〜第6学年）」が例示され，ここで ICT の活用が想定されています。本活動のよさとして，児童の器楽の技能や読譜などの能力に大きく左右されずに活動できるため，無理なく音楽づくりの活動に取り組めることが挙げられています。

【GIGA スクール構想を想定した ICT 活用】

　GIGA（Global and Innovation Gateway for All）スクール構想とは，文部科学省による「**1人1台端末及び高速大容量の通信ネットワークを一体的に整備する方針**」です。令和元年度の補正予算に組み込まれ，令和の時代のスタンダードな学校像として，全国一律の ICT 環境整備が急務であることが，文部科学大臣からメッセージとして示されました。

　音楽科においても，**児童一人一人が端末をもっていることを想定した音楽の授業の在り方を考える**必要があります。今後，音楽制作用ソフトやアプリを使いこなし，レイヤーをループ（反復）したり，ミックス（重ねる）したりしながらオリジナル曲を制作していく児童も増えていくでしょう。Society 5.0時代に生きる子供たちを教える**教師に必要なことは，まずこれらのソフトやアプリを使って，自ら曲を制作してみる姿勢をもつ**ことです。教師の新たなチャレンジが，これからの音楽科教育の行く末を左右するといっても過言ではないでしょう。

5 第1学年及び第2学年の特徴

❶ 第1学年及び第2学年の目標

> (1) 曲想と音楽の構造などとの関わりについて気付くとともに，音楽表現を楽しむために
> 必要な歌唱，器楽，音楽づくりの技能を身に付けるようにする。―〔知識及び技能〕
> (2) 音楽表現を考えて表現に対する思いをもつことや，曲や演奏の楽しさを見いだしなが
> ら音楽を味わって聴くことができるようにする。―〔思考力，判断力，表現力等〕
> (3) 楽しく音楽に関わり，協働して音楽活動をする楽しさを感じながら，身の回りの様々
> な音楽に親しむとともに，音楽経験を生かして生活を明るく潤いのあるものにしよう
> とする態度を養う。―〔学びに向かう力，人間性等〕
> ※―〔 〕引用者

　学年の目標は，教科の目標と同様に，(1)「知識及び技能」の習得，(2)「思考力，判断力，表現力等」の育成，(3)「学びに向かう力，人間性等」の涵養に関する目標で構成されています。

　低学年では，「知識」の習得について「気付く」とし，「技能」の習得について「音楽表現を楽しむ」ために必要な技能と示しています。また，表現領域の「思考力，判断力，表現力等」の育成については，「表現に対する思いをもつこと」，鑑賞領域については，「曲や演奏の楽しさ」を見いだすと示しています。さらに，「学びに向かう力，人間性等」の涵養については，「楽しく音楽に関わり，協働して音楽活動をする楽しさを感じながら」と示しています。

❷ 歌唱の活動における特徴

　低学年の児童は，歌うことが好きで，模倣して歌ったり歌詞の表す情景や場面を想像して歌ったりする傾向が見られます。自己表現の意欲が強く，自分の声を精一杯出して歌おうとしたり，自分の歌声や友達の歌声に関心をもち，魅力のある歌声に接すると，自分でもそのような歌声で歌ってみたいという意識が芽生えたりしてくる時期でもあります。一方，リズムや音程が不確かだったり，一定の速度を保てなかったりする傾向や，必要以上に大きな声で自己主張の強い歌い方をしてしまい，声を合わせて歌うことに意識が向かない傾向が見られます。

　そこで低学年では，児童が「歌うことが好き」と思えるようにすることを大事にしながら，興味・関心をもって取り組むことができる歌唱の活動を進めることが重要となります。そのような歌唱の活動の中で，歌う喜びを味わい，歌うことを通して音楽の楽しさに触れるとともに，遊びながら歌う活動や自然な体の動きを伴った活動などを効果的に取り入れるなどして，歌うことがさらに好きになるように指導することが大切です。

❸ 器楽の活動における特徴

　低学年の児童は，楽器を演奏することが好きで，曲を楽しんで聴き，模倣して演奏しようとする傾向が見られます。また，楽器自体やそれを演奏することに興味・関心をもち，様々な楽器に触れて，いろいろな音を出すことを楽しむ傾向や，積極的に斉奏や合奏に取り組もうとする傾向が見られます。一方，リズムが不確かだったり，一定の速度が保てなかったりする傾向も見られます。

　そこで低学年では，児童が「楽器を演奏することが好き」と思えるようにすることを大事にしながら，興味・関心をもって取り組むことができる器楽の活動を進めることが重要となります。そのような器楽の活動の中で，打楽器，オルガン，鍵盤ハーモニカなどの楽器に慣れ親しむとともに，一人や集団での器楽表現の楽しさを十分に味わうことができるようにし，演奏することがさらに好きになるように指導することが大切です。

❹ 音楽づくりの活動における特徴

　低学年の児童は，音遊びの経験を通して，声や身の回りの様々な音に興味をもつようになり，自分が表したい音やフレーズを探したり，いろいろな表現を試したりする傾向が見られます。このような児童の実態を踏まえ，低学年では，音遊びや音を音楽にしていく活動を通して，児童がいろいろな表現の仕方を試しながら，音楽をつくる楽しさを味わうことができるように指導することが大切です。

❺ 鑑賞の活動における特徴

　低学年の児童は，音や音楽に対する興味・関心が高まり，楽器の音色や人の声の特徴などに注目したり音楽に合わせて体を動かしたりしながら，体全体で音楽を受け止めて聴こうとする傾向が見られます。

　そこで低学年では，児童が「音楽を聴くことが好き」と思えるようにすることを大事にしながら，興味・関心をもって取り組むことができる鑑賞の活動を進めることが重要となります。そのような鑑賞の活動の中で，旋律を口ずさんだり，音楽に合わせて体を動かしたりするなどの活動を効果的に取り入れて，曲や演奏の楽しさを見いだしながら，音楽を全体にわたって味わって聴く楽しさを感じ取れるように指導することが大切です。

6　第1学年及び第2学年の題材・教材一覧

❶ 低学年における歌唱，器楽教材の特徴

　低学年で取り上げる主な**歌唱教材**は，各学年4曲ずつの共通教材を含めて，斉唱及び輪唱で歌う曲が対象となります。器楽教材は，**歌唱で学習した教材や親しみのある器楽曲の旋律に，打楽器などによる簡単なリズム伴奏や平易な低声部を加えた曲**などが対象となります。また，合奏全体の響きを支えるための低声部は，**主音及び属音**を中心とします。

本書における第1学年の題材一覧

収録NO.	領域分野	題材名 「教材名」	本題材で扱う主な指導事項 ※主な音楽を形づくっている要素	時数
1	歌唱	うたって あそんで 「おはな」 になろう 「ひらいたひらいた」〈共通教材〉	(1)ア，イ，ウ(ウ)，〔共〕(1)ア ※速度，旋律，強弱	2
2		はくを いしきして うたおう 「かたつむり」〈共通教材〉	(1)ア，イ，ウ(イ)(ウ)，〔共〕(1)ア ※リズム，旋律，拍	2
3		きょくそうを かんじとって うたおう 「うみ」〈共通教材〉	(1)ア，イ，ウ(ア)，〔共〕(1)ア ※旋律，フレーズ，拍	2
6	器楽	どれみと なかよく なろう 「どれみであいさつ」「なかよし」	(2)ア，イ(イ)，ウ(イ)，〔共〕(1)ア ※音色，旋律，強弱，呼びかけとこたえ	4
7		うたごえと がっきのおとを あわせて えんそうしよう 「とんくるりん　ぱんくるりん」	(2)ア，イ(イ)，ウ(ア)(ウ)，〔共〕(1)ア ※リズム，拍，音楽の縦と横との関係	3
8		たがいの がっきのおとを ききあいながら えんそうしよう 「こいぬのマーチ」	(2)ア，イ(ア)(イ)，ウ(ア)(イ)(ウ)，〔共〕(1)ア　※音色，旋律，反復，変化	4
11	音楽づくり	おんがくづくりを たのしもう	(3)ア(ア)，イ(ア)，ウ(ア)，〔共〕(1)ア ※音色，呼びかけとこたえ	2
12		リズムを つなげよう	(3)ア(イ)，イ(イ)，ウ(イ)，〔共〕(1)ア　※リズム，反復	2
16	鑑賞	いろいろな おとを たのしもう 「シンコペーテッド・クロック」	(1)ア，イ，〔共〕(1)ア ※音色，リズム，拍，変化	2
17		きょくや えんそうの たのしさに きづいて きこう 組曲『くるみわり人形』より「こうしんきょく」	(1)ア，イ，〔共〕(1)ア ※音色，旋律，呼びかけとこたえ	2

・本題材では，複数の領域・分野を関連付けて構成されているものもありますが，ここでは**主な活動**に絞って掲載しています。
・「**本題材で扱う主な指導事項**」には，学習指導要領の内容を示しています。〔共〕は〔共通事項〕の略記です。
・「**※主な音楽を形づくっている要素**」には，本題材において，児童の思考・判断のよりどころとなる主なものを，「音楽を特徴付けている要素」及び「音楽の仕組み」の中から選択して示しています。
・〔共通事項〕(1)イ，及びそこで扱う「音符，休符，記号や用語」については，ここでは特に示していませんが，〔共通事項〕(1)アの学習と関連を図るなどして，適宜，取り扱うようにします。

❷ 低学年における鑑賞教材の特徴

　低学年では，我が国及び諸外国のわらべうたや遊びうた，行進曲や踊りの音楽など体を動かすことのできる快さを感じ取りやすい音楽，日常の生活に関連して情景を思い浮かべやすい音楽など，いろいろな種類の曲を選択します。また，音楽を形づくっている要素の働きを感じ取りやすく，親しみやすい曲，楽器の音色や人の声の特徴を捉えやすく親しみやすい，いろいろな演奏形態による曲を選択することが大切です。

本書における第2学年の題材一覧

収録 NO.	領域 分野	題材名 「教材名」	本題材で扱う主な指導事項 ※主な音楽を形づくっている要素	時数
4	歌 唱	ようすを 思いうかべて うたおう 「夕やけこやけ」〈共通教材〉	(1)ア，イ，ウ(イ)，〔共〕(1)ア ※音色，速度，旋律，強弱	3
5		こえを 合わせて うたおう 「山びこごっこ」	(1)ア，イ，ウ(ア)(ウ)，〔共〕(1)ア ※音色，強弱，呼びかけとこたえ	2
9	器 楽	小ぎつねの ようすを 思いうかべよう 「小ぎつね」	(2)ア，イ(イ)，ウ(イ)(ウ)，〔共〕(1)ア ※リズム，調，フレーズ，音楽の縦と横との関係	3
10		ようすを 思いうかべて えんそうしよう 「かっこう」	(2)ア，イ(ア)，ウ(ア)(イ)，〔共〕(1)ア ※リズム，旋律，拍	4
13	音楽づくり	リズムと かけごえで 音がくを つくろう	(3)ア(ア)，イ(ア)，ウ(ア)，〔共〕(1)ア ※リズム，拍	2
14		木きんで 音がくを つくろう	(3)ア(ア)，イ(ア)，ウ(ア)，〔共〕(1)ア ※拍，音楽の縦と横との関係	2
15		がっきの音の くみあわせを いかして 音がくを つくろう	(3)ア(イ)，イ(イ)，ウ(イ)，〔共〕(1)ア ※音色，リズム，呼びかけとこたえ	2
18	鑑 賞	2びょうしの はくの まとまりを かんじとろう 「トルコこうしんきょく」	(1)ア，イ，〔共〕(1)ア ※旋律，強弱，拍，反復，変化	2
19		がっそうの 楽しさを かんじながら きこう 「エンターテイナー」	(1)ア，イ，〔共〕(1)ア ※音色，旋律，呼びかけとこたえ	2
20		3びょうしの はくの まとまりを かんじとろう 「メヌエット」	(1)ア，イ，〔共〕(1)ア ※リズム，旋律，拍	1

・本題材では，複数の領域・分野を関連付けて構成されているものもありますが，ここでは主な活動に絞って掲載しています。
・「本題材で扱う主な指導事項」には，学習指導要領の内容を示しています。〔共〕は〔共通事項〕の略記です。
・「※主な音楽を形づくっている要素」には，本題材において，児童の思考・判断のよりどころとなる主なものを，「音楽を特徴付けている要素」及び「音楽の仕組み」の中から選択して示しています。
・〔共通事項〕(1)イ，及びそこで扱う「音符，休符，記号や用語」については，ここでは特に示していませんが，〔共通事項〕(1)アの学習と関連を図るなどして，適宜，取り扱うようにします。

7 年間指導計画の作成のポイント

年間指導計画とは，年間を見通した学習指導の設計図です。題材名，扱う時期，主な教材名，題材の目標，学習指導要領の内容，評価規準，学校行事や他教科との関連等がマトリックスの形で示されるのが一般的です。地域の実態などを踏まえ，各学校において作成します。

❶ 長期的な見通しをもち，学習活動，内容に偏りがないように配慮する

各学期及び年間を見通して，**各活動（歌唱，器楽，音楽づくり，鑑賞）及び学習指導要領で扱う内容に偏りがないように配慮**することが必要です。また，**年間を見通して題材間の関連を図る**ことも大切です。例えば，1学期に行った「日本の民謡」の特徴を捉えて歌う学習を，2学期で行う民謡音階を生かして「生活のうた」をつくる学習に生かせるよう，指導計画を工夫することなどが考えられます。

❷ 学校や地域の実態や，他教科等との関連を考えて作成する

楽器の整備状況，児童の音楽学習における実態は学校によって様々です。例えば，音板の取り外しが可能な木琴や鉄琴，また箏などの和楽器が整備されているのであれば，それらを活用した題材を位置付けるなど，**各学校の実態に応じた学習活動を工夫**することも重要です。

また，大切に継承されている祭り囃子があったり，地域で開催される音楽会が伝統行事になっていたりする地域では，演奏家に協力をいただいて学習を深めたり，地域の音楽会での発表と連動させて合唱や合奏の学習を深めたりするなど，**各地域の実態に応じた学習活動を工夫する**ことが重要です。

また，**幼稚園教育で育まれた資質・能力との関連を図ること（低学年），道徳教育，特別支援教育との関連を考慮した指導を行うこと，そして，生活科を始めとする他教科等との関連を図る**ことなどが重要です。

❸ PDCA サイクルを充実する

年間指導計画は，毎年，その都度更新していくものです。指導計画の質的な充実を図るためには，Plan（計画）－Do（実行）－Check（評価）－Action（改善）のサイクルを充実し，今年度の計画の成果と課題を，次年度の計画の改善に生かしていくことが重要です。成果と課題を明確にすることは，**指導計画の充実に必要な物的・人的な体制**（例えば，タブレット機器，地域の音楽指導者とのティーム・ティーチングなど）を整え，**教育活動の質と学習の効果を向上する**ことにもつながります。これからの時代は，このような「カリキュラム・マネジメント」に努めることが求められます。

（今村　行道・津田　正之）

2章
主体的・対話的で深い学びを実現する！
題材モデル 20

うたって あそんで 「おはな」 になろう

学年・活動 **第1学年・歌唱**　主な教材 **「ひらいたひらいた」** 〈共通教材〉

本題材で扱う学習指導要領の内容

2内容　A表現　(1)歌唱ア，イ，ウ(ウ)　〔共通事項〕(1)ア

思考・判断のよりどころとなる主な音楽を形づくっている要素：速度，旋律，強弱

1 題材の目標

○曲想と音楽の構造との関わり，曲想と歌詞の表す情景や気持ちとの関わりに気付くとともに，思いに合った表現をするために必要な，声を合わせて歌う技能を身に付ける。

○速度，旋律，強弱を聴き取り，それらの働きが生み出すよさや面白さ，美しさを感じ取りながら，聴き取ったことと感じ取ったこととの関わりについて考え，曲想を感じ取って表現を工夫し，どのように歌うかについて思いをもつ。

○歌詞の表す様子に合った歌い方や体の動きを工夫して表現する学習に興味をもち，音楽活動を楽しみながら主体的・協働的に歌唱の学習に取り組み，日本のうたに親しむ。

2 題材の特徴と学習指導要領との関連

❶ 遊びながらわらべうたの活動に親しむ

　歌唱共通教材「ひらいたひらいた」は，江戸時代から「輪遊び歌」として，日本の子供の遊びの中で歌い継がれてきた「わらべうた」です。体全体を動かして，れんげの花の様子を表現しながら歌うので児童が楽しく活動しやすく，各教科書とも小学校入学の緊張をほぐすかのように最初の歌唱共通教材として取り上げています。初めは各自が「手」でれんげの花の様子を表しながら歌い，歌詞の表す様子を思い浮かべながら歌います。歌詞を覚えたら歌に合わせて友達と手をつないで輪をつくり，花びらが広がったりつぼんだりする様子を表現して遊びながら楽しく歌うようにします。

❷ よく聴きながら楽しむ豊かな音楽表現

　この歌は，れんげの花びらの変化の様子を歌詞で表現しています。れんげの花が開くときにはだんだんと音を強く，閉じるときにはだんだんゆっくり歌うなど，速さや強弱の変化を工夫しながら，曲想に合った表現を考えることが大切です。A表現(1)歌唱のウ(ウ)で示されているように，表したい思いと関わらせながら，友達の歌声や伴奏をよく聴いて，声を合わせて歌う技能を自然に身に付けるようにして，豊かな音楽表現を引き出したいものです。

3 主体的・対話的で深い学びの視点による題材構成のポイント

❶ 教師や友達との自然な対話から，適切な表現を考える

　1年生のこの教材を取り上げる頃は，まだ友達同士で話合いを行うことが難しい時期です。授業中の自然な言葉のキャッチボールの中で，児童のつぶやきの中から適宜活動の流れに必要な言葉を教師が拾い上げて授業を展開していく必要があります。このような教師との対話を出発点として，児童の語彙を少しずつ増やし，音楽と言葉を結び付ける面白さを感じ取らせながら，言語活動を充実させ，対話的な学びを実現していきます。

　本教材の場合，れんげの花びらが開いているときと閉じているときでは，どう歌い分けをしたらよいか，あるいは，花びらが開いたり閉じたりしているときの様子をどう歌で表現したらよいかを上手に問いかけると，「音を小さくする」「少しずつ遅くしていく」といったつぶやきが聞こえてきます。それらの言葉を上手に拾い上げて，歌唱表現や体の動きによる表現に生かしていくことで，より豊かな音楽表現に結び付けることができます。

❷ 自然や動植物を愛好する心情や，美しいものに対する感性を育み，「歌で表現したい」という主体性を重視する

　低学年は，歌を通して温かい心やしなやかな感性を育む貴重な時期です。心の底から，自然や動植物を「大切だな，愛おしいな」と感じたり，美しいものを「きれいだな」と感じたりできるこの時期において，本教材は，そういった純粋な児童の心の内を，音楽表現として引き出す絶好の教材であると言えます（これは「特別の教科 道徳」の内容項目D「主として生命や自然，崇高なものとの関わりに関すること」に通ずるものであり，連携を図ることでより効果を高めることができます）。

　指導に当たっては，友達と声を合わせて，れんげの花の様子を主体的に音楽で表現しようとする態度を大切にし，歌詞や曲の感じに合った歌い方や体の動きの工夫を進めます。教師自身も児童の活動に溶け込みながら，自分の思いを音楽で表現することの楽しさを伝えていきましょう。

4 題材の評価規準

知識・技能	思考・判断・表現	主体的に学習に取り組む態度
知 曲想と音楽の構造との関わり，曲想と歌詞の表す情景や気持ちとの関わりについて気付いている。 技 思いに合った表現をするために必要な，互いの歌声や伴奏を聴いて，声を合わせて歌う技能を身に付けて歌っている。	思 速度，旋律，強弱を聴き取り，それらの働きが生み出すよさや面白さを感じ取りながら，聴き取ったことと感じ取ったこととの関わりについて考え，曲想を感じ取って表現を工夫し，どのように歌うかについて思いをもっている。	態 歌詞の表す様子に合った歌い方や体の動きを工夫して表現する学習に興味をもち，音楽活動を楽しみながら主体的・協働的に歌唱の学習に取り組もうとしている。

5 指導と評価の計画（全2時間）

次	○学習内容	指導上の留意事項	評価規準
第一次（第1時）	ねらい：音楽に合わせて歌い方や手の動きを工夫しながら歌う。		
第一次（第1時）	○既習曲を歌い，学習の雰囲気をつくる。 ○「れんげの花」について，知っていることを話し合う。 ○ＣＤや教師の範唱を聴いて，フレーズごとに歌う。 ○音楽に合わせて手の動かし方を工夫しながら歌う。 ○花びらの様子を思い浮かべ，歌い方や手の動かし方を工夫しながら全体を通して歌う。	・導入として既習曲や，「ぞうさん」などの童謡を，歌詞に合わせて体を動かしながら歌う場を設定し，学習への意欲付けを行う。 ・花の写真をテレビに映し，知っていることを自由に話し合い，曲に対する関心をもつようにする。 ・児童が正しい音程やリズムで歌えるように，１フレーズごとにていねいに範唱する。 ・花の様子を手で表す場合，歌詞や旋律の抑揚に合わせてどのような形をつくったり，動きを付けたりしたらよいかを自由な発言の中から拾い上げるようにする。 ・言葉の意味を感じながら優しい気持ちで歌ったり，歌詞の内容に合わせて強弱や手の動きを工夫したりするように助言する。	知
第二次（第2時）	ねらい：音楽に合わせて歌い方や体の動きを工夫しながら，「輪遊び歌」を楽しむ。		
第二次（第2時）	○既習曲を体の動きを付けながら歌い，学習意欲を高める。 ○前時を想起し，音楽に合わせて手で花びらを表しながら，「ひらいたひらいた」を歌う。 ○５～６人のグループで手をつないで輪をつくり，体の動かし方や歌い方を工夫して輪遊びをしながら歌う。 ○歌詞の最後の部分の歌い方や動き方をグループごとに工夫し，発表し合う。 ○工夫したことを生かして楽しく歌う。	・安全に活動できる場所を設定し，教師の目が行き届く中で活動するようにする。 ・「いつのまにかつぼんだ（ひらいた）」の部分のリズムや音程に気を付けて歌うよう助言する。 ・花が開く（閉じる）様子をグループ全員の体の動きで表現したり，輪の大きさの変化に合わせて強弱を工夫したりしているグループを紹介し，自分たちの表現に生かすように促す。 ・教師が拍打ちをしたり，範唱したりするなどして，拍を感じ取れるようにする。 ・歌う回数ごとにグループの人数を増やしていき，最後は全員で輪をつくり，大きな「れんげの花」の様子を表現しながら歌うようにする。	思 技 態

6 本時の流れ（2／2時間）

○学習内容　・学習活動	教師の主な発問と子供の状況例	評価規準と評価方法
ねらい：音楽に合わせて歌い方や体の動きを工夫しながら，「輪遊び歌」を楽しむ。		
○既習曲を体の動きを付けながら歌い，学習意欲を高める。 ・「さんぽ」を歌いながら，円を描いて行進したり，「かもつれっしゃ」を歌いながら，グループ遊びを楽しんだりする。	「教室の中を，拍にのって歩きながら歌ってみよう！」 ・行進しながら歌うと楽しいね！ ・みんなとつながって歩きながら歌うと本当の貨物列車になった気分で楽しいな！	
○前時を想起し，音楽に合わせて手で花びらを表しながら，「ひらいたひらいた」を歌う。 ・1番と2番で異なる花びらの様子を歌い方や手の動きで表現する。	「前の時間を思い出して，もう一度手でれんげのお花をつくって歌うよ！　どんなことに気を付けながら歌おうか？」 ・花びらが閉じているときはお花が寝ているときだから，小さな声で歌う方がいいよ！	
○5～6人のグループで手をつないで輪をつくり，体の動かし方や歌い方を工夫して輪遊びをしながら歌う。 ・基本の動き（円の内側を向いて手をつなぐ，右回りで歩く）を見本のグループで確認する。 ・1番（開いているとき）と2番（閉じているとき）の様子の違いを歌い方や体の動きで表現する。	「今度は，一人一人が花びらになってグループでれんげのお花をつくるよ。どんな動きをすれば，花びらが開いたり閉じたりする様子を表せるかな？」 ・花が開いているときは立って回りながら歌い，閉じているときはしゃがんで回るといいんじゃないかな。 ・花びらが開いているときは元気よく，閉じているときは小さな声で歌うといいね。	思 発言 観察
○歌詞の最後の部分の歌い方や動き方をグループごとに工夫し，発表し合う。 ・「体の動き」「歌い方」のそれぞれを変化させて表現する。 ・グループごとに，考えた表現を発表し合う。 ・他のグループの表現を参考にして自分たちの表現を再度工夫する。	「歌の最後でだんだん花びらが閉じたり開いたりするのをどのようにみんなの体の動きや歌い方で表したらいいかな？　グループで考えてみましょう」 ・閉じるときは，声をだんだん小さくしてしゃがみながら真ん中に小さく集まるのがいいんじゃないかな。 ・花びらが開くときは，手をつないだまま上に上げてみようよ。	技 演奏
○工夫したことを生かし，花びらをつくる人数を増やして楽しく歌う。 ・5人，10人，20人と増やしていき，最後は全員で大きな輪をつくって歌う。 ○本時のまとめと次時の予告をする。	「少しずつ花びらの人数を増やして，最後はクラスのみんなで大きなれんげの花をつくりましょう！」	態 観察

7 授業づくりのポイント

❶ 「遊び」の中で受け継がれてきたものを大切にする

　低学年の歌唱共通教材を見てみると，この「ひらいたひらいた」以外にも，「かたつむり」や「かくれんぼ」のように，子供の「遊び」を中心とした生活の中で，自然に歌われることを想定してつくられているものや，子供たちの遊びの様子を描いたものが多く見られます。ですから，これらの歌を歌うときはきちんと「気をつけ」をして歌うのではなく，遊んでいる様子を思い浮かべながら，体をゆすったり，友達と手をつないで表現したりしながら，楽しい気持ちで歌うようにしたいものです。

　また，これらの歌は世代を越えて継承されているものです。児童が自分の両親や祖父母などとコミュニケーションを図る際も，大いに役立つものです。授業参観などの機会を生かして，一緒に歌うといった取組もよいでしょう。

❷ 導入で「れんげの花」のイメージをもつ工夫をする

　1年生の児童にとって，「れんげの花」は馴染みの薄い花です。見たことがあったとしても，花の特徴をあまりよく捉えていないことが多いです。そこで，歌を聴く前に，れんげの花の説明を教師がする時間をとるようにします。説明する際は，黒板に実際のれんげの花の写真を貼ったり，パソコンや大型モニターなどICT機器を活用して画像を映したりして，イメージをつかみやすくすることがポイントです。花の形の特徴や，朝花びらが開いて夕方閉じるといった特徴を話し，歌詞に出てくる花びらの動きの表現に生かすようにします。れんげの花の美しさに，まず教師が思いきり感動してみせることで，美しいものを美しいと素直に表現することの大切さを伝えていきます。

〈「ひらいたひらいた」導入の対話の例〉

…何の前触れも無く，れんげの花の写真を提示する。音楽の時間にお花？　何で？という意外
　性で児童の関心をぐっと引きつけます。

T「うわぁ～！　このお花，きれいだなぁ。みんな，このお花，見たことある？」

C「本で見たことあるよ！」

C「水の上で咲いているよ。ふしぎだなぁ」

T「このお花はね。一日の中でお花が開いたり閉じたりするんだよ。こんなふうにね！」

（教師が手をれんげの花に見立てて，花の様子を表しながら「ひらいたひらいた」を歌う。）

C「あっ！　その歌，聴いたことがあるよ！！」

❸ まずは一人で，花の様子を手と歌で表現する

　教師の範唱を聴いたら，教師と一緒に，手でれんげの花を表現しながら歌います。歌い出しは両手でれんげの花の形をつくり，左右にゆすりながら歌います。「い〜つのま〜にか」のところで左右の動きを止め，花びらが開いたり閉じたりする様子を表現しながら歌います。

T 「花びらが閉じたときの歌（2番）は，どうしたら花びらが閉じた感じが出せるかな？」

C 「花びらが閉じて，お花が小さくなったんだから，声も小さくしたらいいんじゃないかな」

C 「音に合わせて，体も小さくしたら（すぼめたら）いいんじゃない？」

T 「い〜つのま〜にか，ひらいた（つぼんだ）」のところは，どうしたら花びらが閉じたり開いたりする様子が表せるかな？」

C 「花びらはゆっくり開いたりつぼんだりするから，歌もゆっくりにしていくといいよ！」

　上記の教師（T）の二つの発問は，この歌を取り上げる際の中心発問です。ただ元気よく歌うだけでなく，「音楽を形づくっている要素」である「速度」や「強弱」を変化させて歌う面白さに気付くことが大切です。児童自らが意識してこれらを操作しながら歌うことで，単なる「遊び」を音楽の「学び」へと変化させていきます。

❹ 広い空間を使って，全身で音楽表現する

　教室には机などが置いてあるため，どうしても児童の自由な表現が制限されてしまいます。そこで次の時間では，児童を音楽室や多目的室などの「広い空間」に連れて行き，そこで全身を使って「ひらいたひらいた」を楽しむ活動を行います。

　広い空間に移動したら，「さんぽ」（中川李枝子作詞，久石譲作曲）の歌に合わせて元気に行進したり，「かもつれっしゃ」（山川啓介作詞，若松正司作曲）の歌に合わせて列車のようにつながって歩いたりして楽しい雰囲気をつくります。そして，児童の心が和らいだところで，いよいよクラスをグループに分けて円をつくり，手をつないで歩きながら「ひらいたひらいた」を歌います。前時で行った「速さ」や「強弱」の変化を，ここでは，グループの円の回転の速度や円の大きさに応用していきます。花びらが閉じたときは，なるべく中央に屈んで集まり，花びらが開いたときはできるだけ大きく広がり，つないだ手を上にあげて花びらを表現できると素敵です。最初は4〜5人のグループからはじめ，だんだん人数を増やしていき，最後はクラス全員で円をつくって一輪の大きなれんげの花をつくると，とても盛り上がりますよ！　お勧めの活動です。

（小梨　貴弘）

2 はくを いしきして うたおう

学年・活動 **第1学年・歌唱**　　主な教材 **「かたつむり」**〈共通教材〉

本題材で扱う学習指導要領の内容

2内容　A表現　(1)歌唱ア，イ，ウ(イ)(ウ)　〔共通事項〕(1)ア

思考・判断のよりどころとなる主な音楽を形づくっている要素：リズム，旋律，拍

1 題材の目標

○「かたつむり」の曲想と音楽の構造，曲想と歌詞の表す情景や気持ちとの関わりに気付くとともに，思いに合った表現をするために必要な，自分の歌声及び発音に気を付けて歌う技能を身に付ける。

○「かたつむり」のリズム，旋律，拍を感じ取り，それらの働きが生み出すよさや面白さ，美しさを感じ取りながら，聴き取ったことと感じ取ったこととの関わりについて考え，曲の特徴を捉えた表現を工夫し，どのように歌うかについて思いをもつ。

○「かたつむり」のいろいろな歌い方に興味をもち，音楽活動を楽しみながら主体的・協働的に歌唱の学習活動に取り組む。

2 題材の特徴と学習指導要領との関連

❶ 本題材で扱う教材「かたつむり」の特徴

　教材「かたつむり」（文部省唱歌）は，明治44年に『尋常小学唱歌　第一学年用』に発表されて以来，今日まで歌い継がれてきた，ａ ａ’ ｂの一部形式でつくられた2拍子の曲です。

　旋律はａ ａ’の部分で弾んだリズムが入り，かたつむりに親しみをもって呼びかけているような場面が想起され，ｂの部分では8分音符の連続によりいっそうかたつむりに近づいているような特徴をもっています。歌詞にある「つのだせ」や「めだまだせ」が，かたつむりの様子をよく表しているので，体を動かしながら，思いをもって歌うことに適した教材といえます。

❷ 「拍を意識して歌う」学習の位置付け

　学習指導要領解説において，「拍」は音楽に合わせて手拍子をしたり歩いたりすることができるような，一定の間隔をもって刻まれるものと示されており，児童が「拍」を意識することは，リズムを正確に聴き取ったり，拍の特徴に気付いたりするための重要なプロセスです。

　1年生で拍を打ったり体を動かしたりする活動を重視しながら「拍」の特徴を捉えることで，その後の拍子のある音楽の理解へとつながっていきます。

3 主体的・対話的で深い学びの視点による題材構成のポイント

❶ 児童の思いを捉え，楽しみながら授業を展開する

　音楽の授業の楽しさを伝えるために，児童のつぶやきや思いを積極的に取り上げていきたいと思っています。あいさつや，好きな食べ物や動物などの言葉遊びを普段の授業から取り入れていくことで，児童が楽しく音楽の学習に取り組むことができます。言葉遊びでウォーミングアップをした後に，教師が拍打ちをしながら児童の好きな曲を歌い，みんなで手拍子をしたり体を動かしたりして，児童が主体的に学習に向かっていけるよう心がけています。

❷ 音楽活動を通して感じ取ったことを言葉や体の動きで表現し，共有する

　友達と一緒に体を動かしながら歌い，気付いたことや感じ取ったことを発表し合う場面を設定します。音楽に合わせながら，かたつむりの様子を体で表現して歩いてみたり，「つの」を出しているところを手で表現したりすることで，拍の特徴を体全体で捉えることができます。

　また，グループで「かたつむりごっこ」をして動きを伝え合ったり，友達が表現する姿を見てまねをしたりすることで，新たな発見をすることができます。

❸ 体を動かす活動の中に，音楽を形づくっている要素を見いだす

　拍を意識して活動するために，教師は児童の様子を見ながら拍を意識した多様な活動場面を用意しておきます。学級全体で歌う，グループに分けて体を動かして拍をとって歌う，互いに向かい合って手を合わせて歌うなどの展開をしながら音楽を形づくっている要素を学ぶことが，質の高い深い学びへとつながっていきます。

4 題材の評価規準

知識・技能	思考・判断・表現	主体的に学習に取り組む態度
知 「かたつむり」の曲想と音楽の構造との関わり，曲想と歌詞の表す情景や気持ちとの関わりについて気付いている。 技 思いに合った表現をするために必要な，自分の歌声及び発音に気を付けて歌う技能を身に付けて歌っている。	思 「かたつむり」のリズム，旋律，拍を聴き取り，それらの働きが生み出すよさや面白さ，美しさを感じ取りながら，聴き取ったことと感じ取ったこととの関わりについて考え，曲想を感じ取って表現を工夫し，どのように歌うかについて思いをもっている。	態 「かたつむり」のいろいろな歌い方に興味をもち，音楽活動を楽しみながら主体的・協働的に歌唱の学習活動に取り組もうとしている。

5 指導と評価の計画（全2時間）

次	○学習内容	指導上の留意事項	評価規準
第一次（第1時）	**ねらい：「かたつむり」の様子を思い浮かべながら，曲の感じを捉えて歌う。**		
	○かたつむりの様子について話しながら，範唱を聴き，曲の雰囲気を捉えて歌う。 ○歌詞の様子を思い浮かべながらリズムに気を付けて歌う。 ○拍を打ちながら歌ったり，歌詞の「つのだせ　やりだせ」の部分に体の動きを取り入れて歌ったりする。 ○かたつむりの様子を思い浮かべ，リズムに気を付けながら拍にのって歌う。	・かたつむりの様子が分かるような絵を掲示したり動きを体現したりする。 ・気付いたことを書き出せるように絵の近くに吹き出しを用意して書き込みができるようにする。 ・範唱を通して前半のa a'の旋律のリズムとbのリズムの違いに気付くようにする。リズムの違いから，かたつむりにより親しみをもてるようにする。	知
第二次（第2時）	**ねらい：「かたつむり」の拍を感じながら，いろいろな歌い方で歌う。**		
	○伴奏を聴きながら拍を感じて歌う。 ○第一次で取り入れた表現を思い出し，付点のリズムや音の高さに気を付けて歌う。 ○教師と児童でフレーズごとに交互唱をする。 ○拍にのって体を動かしながら，かたつむりの様子を思い浮かべて歩く。	・前時の活動を思い出し，曲の雰囲気を思い浮かべながら歌えるようにする。 ・教師が一定の拍を打ちながら最初のフレーズを歌い，児童が次のフレーズを歌って交互唱ができるようにする。 ・低音の単音を使って伴奏し，かたつむりの様子を思い浮かべながら歩くよう促す。 ・歌詞に合った振り付けを後半のbの部分に入れて歌い，イメージを膨らませて歌えるようにする。	思
	○発表会をする。	・発表では，どのように歌いたいのかという思いを伝えてから発表する。 ・発表に対して，よかったところを伝え合い，学習のよさを共有できるようにする。	技 態

6 本時の流れ（2／2時間）

○学習内容　・学習活動	教師の主な発問と子供の状況例	評価規準と評価方法
ねらい：「かたつむり」の拍を感じながら，いろいろな歌い方で拍にのって歌う。		
○伴奏を聴きながら，拍を感じて歌う。 ○第一次で取り入れた表現を思い出し，付点のリズムや音の高さに気を付けて歌う。 ○教師と児童でフレーズごとに交互唱をする。 ・拍を意識できるように拍打ちをしながら歌う。 ○拍にのって体を動かしながら，かたつむりの様子を思い浮かべて歩く。 ・拍を感じながら，どのように歩いたら「かたつむり」の歌に合うか考えて歩く。 ・それぞれの思いを生かすための表現ができるように，いろいろな「かたつむり」の歩き方を見つける。 ・歌詞の意味を大切にしながら「つのだせ　やりだせ」の部分を手指で表現する。	「前の時間に歌ったかたつむりを思い出しながら，歌ってみましょう」 ・最初の「でんでんむしむし」のところは，少しはずんでいる感じがするね。「つのだせ」のところは音が少し高くなるね。 「先生がはじめに歌います。先生の後のところをつなげて歌ってください」 「これからかたつむりになって歩いてみましょう」 ・かたつむりになって歩いてみると，かたつむりのことがよく分かるね。 「○○さんのかたつむりは，ゆっくり歩きですね。のんびりしたかたつむりです。○○さんのかたつむりさんは，楽しそうに歩くかたつむりです。スキップしているように歩いてもいいですね」 ・それぞれのかたつむりのいいところがあって，まねして歩いてみると面白いな。 ・「つのだせ　やりだせ」のところは指を伸ばして歌ってみたら楽しかったよ。 「いろいろなかたつむりの歩き方をしましたね。かたつむりさんの気持ちになって歌ってみましょう」	思 演奏 発言 観察
○発表会をする。 ・発表する児童はどのように歌いたいのか思いを伝える。 ・友達がどんな歌い方で「かたつむり」を歌っているかを聴き取る。 ・発表後にはよかったところを伝え合う。	・○○さんの歌い方は，かたつむりの感じがよく出ていて楽しそうだった。 ・「つのだせやりだせ」のところが，指を使って音楽に合わせて歌っていてよかった。	技 観察 態 発言 観察

7 授業づくりのポイント

❶ 児童の思いを引き出すために絵や写真を活用する

　児童が主体的に活動に取り組むために，かたつむりのイメージを膨らませることはとても大切なことです。かたつむりの歌詞の中にある「つの」や「めだま」はどのように動くものなのかを知ることは，歌うときのリズムに目を向けたり，拍にのって歌ったりするための要素の一つになると思います。拡大楽譜はもちろんのこと，かたつむりを大きく書いて，かたつむりのイメージを膨らませることが大切です。

　また，歌詞を読み，かたつむりの気持ちを想像できるように，吹き出しを付けてかたつむりの気持ちを書いてみたり，気付いたことを発表したりすることで，曲への愛着も増してくると思います。第二次で，かたつむりになって歩いてみる活動でも，かたつむりの動きのイメージをもっておくと，歩き方や歌い方に様子が表れてくるでしょう。

のんびりやさん
にこにこしている
雨の日は，つのがたくさん
のびているよ。　　　など

❷ 拍を捉えるために体を動かす活動を入れる

　本題材では，拍を捉えて歌うことをねらいとしています。そのねらいに向かっていくために，低学年の学習では体を動かす活動を積極的に取り入れることが効果的です。

　簡単な低音伴奏で拍を刻み，「かたつむりになって歩いてみる」という場面を設定し，表したいかたつむりに合わせて，拍を捉えて体を動かし，曲の特徴をつかむようにします。

〈実際の活動例〉

　●大きなかたつむりが歩いてきたよ

　　速度を緩めてゆっくり歩きのかたつむりを表現する。一人一人が音楽に合わせて教室内をいろいろな方向に歩き，音楽が止まったら動きを止める。

　●あわてんぼうのかたつむりがいるよ

　　やや速度の速いかたつむりを想像し，いろいろな方向に歩き，音楽が止まったら動きを止める。

●「つのだせ　やりだせ」の部分になったら，つのを上に出してみよう

　曲の後半部分で，歌詞に合わせて指や腕を上方に大きく伸ばしたり小さく縮めたりして，

　様子を表しながら拍にのって歌ったり，友達と聴き合って歌ったりする。

●かたつむりの音楽を聴きながら，リズム打ちをして拍にのって歌おう

でんでん　むしむし　かたつむ　り

リズムパターン例

❸　学び合いの場をつくる

　児童が体を動かしながら活動している際，教師は児童の様子を見ながら，ねらいに合った動きをしている児童を取り上げることが大切です。例えば，拍を捉えた歩き方をしている児童を見付けたならば，お手本として発表するよう促します。このような働きかけにより，その動きを他の児童が模倣するようにし，拍を捉えて動くことがねらいだということを伝えていくことが大切です。

❹　みんなで合わせる喜びを味わう

　始めは少人数で合わせて歌うことからでよいと思いますが，少人数からクラスの半分の児童で歌うこと，そして最後は全員で歌うことによって，そろえて歌うこと，響かせて歌うことのすばらしさを感じることができると思います。

　みんなで声を合わせると気持ちがいい，拍を捉えて歌うともっと気持ちがいいという実感が伴ってきます。自分が気持ちよく歌うことと同時に，友達と合わせて歌うことは，相手の声を聴く活動へとつながり，「聴き合って歌うこと」へつながります。

（中嶋　秋子）

3 きょくそうを かんじとって うたおう

学年・活動 第1学年・歌唱　**主な教材**「うみ」〈共通教材〉

本題材で扱う学習指導要領の内容

2内容　A表現　(1)歌唱ア，イ，ウ(ア)〔共通事項〕(1)ア
思考・判断のよりどころとなる主な音楽を形づくっている要素：旋律，フレーズ，拍（3拍子）

1　題材の目標

○「うみ」の曲想と音楽の構造，曲想と歌詞の表す情景や気持ちとの関わりについて気付くとともに，思いに合った表現をするために必要な，範唱を聴いて歌う技能を身に付ける。

○「うみ」の旋律，フレーズ，拍を聴き取り，それらの働きが生み出すよさや面白さ，美しさを感じ取りながら，聴き取ったことと感じ取ったこととの関わりについて考え，曲想を感じ取って表現を工夫し，どのように歌うかについて思いをもつ。

○曲想を感じ取って歌う学習に興味をもち，音楽活動を楽しみながら主体的・協働的に歌唱の学習活動に取り組む。

2　題材の特徴と学習指導要領との関連

❶ 本題材で扱う教材「うみ」の特徴

　「うみ」（林柳波作詞，井上武士作曲，文部省唱歌）は，昭和16年に国民学校初等科芸能科音楽の教科書『ウタノホン（上）』に発表されてから，広く親しまれ歌い継がれている曲で，昭和52年に第1学年の歌唱共通教材に指定されました。a a'の一部形式であり，昭和55年の教科書改訂の際に，3番の歌詞の中にあった「うかばして」が「うかばせて」に改められ，現在の歌詞で歌われています。第1学年で初めて扱う3拍子の曲となることが多く，ゆったりした雰囲気で3拍子のリズム感や拍子感を味わい，歌詞が表す情景や気持ちを想像しながら，強弱などの歌唱表現の工夫につなげることに適した教材です。

❷「曲想を感じ取って歌う」学習の位置付け

　学習指導要領では，第1学年及び第2学年の歌唱において，「曲想を感じ取って表現を工夫し，どのように歌うかについて思いをもつこと」が事項アとして示されています。低学年では，感じ取った曲想がそのまま表現に対する思いになることが多いため，曲の雰囲気を十分に味わうことが大切です。旋律やリズムの特徴，歌詞の内容から想像したことなどから表現の思いを膨らませ，体の動きを伴いながら，様々な表現の仕方を体験して，歌唱表現の楽しさを味わうようにします。

3 主体的・対話的で深い学びの視点による題材構成のポイント

❶ 歌詞から情景や気持ちを豊かに想像して，曲想を感じ取るようにする

　「うみ」の曲想を，歌詞の表す情景や気持ちと関連付けて感じ取ることで，児童は曲の雰囲気をより深く味わうようになります。低学年では，それを体の動きなどで表現しながら，楽しんで歌う活動がとても重要です。児童が歌詞の内容から想像して発言したことを，教師が「うみ」のゆったりとした曲想と結び付け，音楽的に価値付けていくことで，児童が感じ取った曲想を基に工夫して表現しようとする，主体的な学びの実現が図られていきます。

❷ 児童一人一人の歌い方や体の動きを教師が見取り，共有する場面を設定する

　対話的な学びを実現するために，気付いたことや感じたことを子供同士が共有することがとても重要ですが，1年生では，自分が感じ取ったことをうまく言葉で表現できないことが想定されます。そこで，教師が，児童一人一人の歌い方や体の動きなどを取り上げ，曲想と結び付けて価値付けし，児童にそのよさを伝えることが大切です。教師が「○○さんがこんなふうに動いていたよ」とか「○○さんの歌い方のまねをして歌ってみよう」などと投げかけ，子供同士で模倣するなどして，どのような感じがしたかを言葉で伝え，いろいろな感じ方や表現のよさを共有します。そして，それを基に自分なりに曲想を感じ取って，どのように歌いたいかという思いをもつことにつなげるようにします。

❸ 歌詞の表す情景や気持ちを想像して思いをもって歌う活動を楽しめるようにする

　歌唱の活動においては，曲想と歌詞の内容との関わりに気付き，どのように歌いたいかという思いをもつことがとても大切です。1年生では，特に，情景や気持ちを想像して歌う楽しさを十分に味わえるようにします。歌詞を読んで，情景や気持ちが想像できる言葉に着目し，体を動かして表現したり歌い方を工夫したりして，歌で気持ちを表現する活動を楽しめるような学習展開を工夫し，歌唱表現の高まりを教師が価値付けていくことが大切です。

4 題材の評価規準

知識・技能	思考・判断・表現	主体的に学習に取り組む態度
知 「うみ」の曲想と音楽の構造，曲想と歌詞の表す情景や気持ちとの関わりについて気付いている。 技 思いに合った表現をするために必要な，範唱を聴いて歌う技能を身に付けて歌っている。	思 「うみ」の旋律，フレーズ，拍を聴き取り，それらの働きが生み出すよさや面白さ，美しさを感じ取りながら，聴き取ったことと感じ取ったこととの関わりについて考え，曲想を感じ取って表現を工夫し，どのように歌うかについて思いをもっている。	態 曲想を感じ取って歌う学習に興味をもち，音楽活動を楽しみながら，主体的・協働的に歌唱の学習活動に取り組もうとしている。

5 指導と評価の計画（全2時間）

次	○学習内容	指導上の留意事項	評価規準
第一次（第1時）	**ねらい：**「うみ」の曲想と旋律やフレーズとの関わりについて気付き，3拍子の拍を感じ取りながら歌う。		
	○「うみ」の範唱を聴いて，曲の雰囲気を捉える。	・海の写真や映像を提示し，情景を想像できるようにする。	
	○旋律を聴きながら拍打ちをする。	・曲のゆったりとした雰囲気を捉えた動きを取り上げて，曲の雰囲気をつかめるようにする。 ・拍打ちが難しい児童には，教師が打つのを見てまねて打てるようにする。	
	○旋律の動きを捉え，曲に合った声を意識しながら，旋律をルやラで歌う。	・旋律の動きが捉えにくい部分は，手で音の高さを示すなどして，動きを捉えやすいようにする。	
	○フレーズを意識しながら，歌詞で歌う。	・歌詞を読んで，言葉のまとまりを意識できるようにする。	知
第二次（第2時）	**ねらい：**歌詞の表す情景や気持ちを想像し，フレーズを工夫して歌う。		
	○フレーズを感じ取りながら，「うみ」を歌う。 ○「うみ」の歌詞を声に出して読み，歌詞から情景を想像する。 ○教師の範唱を聴きながら，手を動かす。 ○教師の手の動きに合わせて歌う。 ○歌い方を工夫したところを出し合い，友達の工夫した歌い方をまねして歌う。 ○旋律や歌詞から曲想を感じ取って，自分なりに歌い方を工夫して歌う。 ○学習を振り返る。	・前時からの学習のつながりで，曲に合わせて体を動かしながら，歌えるようにする。 ・前時に用意した縦書きの歌詞を，まとまりを意識しながら読めるようにする。 ・教師も手を動かしながら歌う。少し強く歌うところや言葉をていねいに歌うところなどが児童に分かるように示す。 ・教師の手の動きや歌い方で気付いたことを言えるようにする。 ・歌い方について，旋律や歌詞から感じたことを発言したり，歌っている姿を教師が見取って全体で共有したりする。	思 技 態

6 本時の流れ（2／2時間）

○学習内容　・学習活動	教師の主な発問と子供の状況例	評価規準と評価方法
ねらい：歌詞の表す情景や気持ちを想像し，フレーズを工夫して歌う。		
○フレーズを感じ取りながら，「うみ」を歌う。 ・前時に捉えた曲の雰囲気を思い起こし，曲に合わせて体を動かしながら歌う。	「旋律や歌詞のまとまりに気を付けて，体をゆらしながら歌いましょう」 ・波のように体をゆらして歌おう。 ・「うみはひろいな」「おおきいな」「つきがのぼるし」「ひがしずむ」のまとまりに気を付けて歌おう。	
○「うみ」の歌詞を声に出して読み，歌詞から情景を想像する。 ・教師が読んだ後に続いて読む。 ・歌詞を読んで思ったことや感じたことを発表する。	「もう一度歌詞を読んでみましょう。どんなことを感じたか発表してください」 ・「ひろいな」「おおきいな」のところは，海が本当に広い感じがするよ。 ・「ひがしずむ」のところは，暗くなるから少し静かな感じになるのかな。 ・「おおなみ」は大きい波だから，少し力強い感じがするよ。	
○教師の範唱を聴きながら，手を動かす。 ・声の大きさなどに合わせて，大きく動かしたり小さく動かしたりする。	「先生が歌うのを聴いて，合わせて手を動かしてください。先生の手の動きをまねしてもいいですよ」 「先生の歌で気付いたことはありますか」 ・手を大きく動かしていたところは，声も大きく歌っていたよ。	
○強く歌うところや弱く歌うところ，気持ちをこめて歌うところなどを考えて歌う。 ・自分の「うみ」を友達に歌で発表する。	「さっき歌詞を読んだときに，力強く読んだり優しく読んだりしたところがありましたね。歌うときにも声の大きさや歌い方を工夫して歌ってみましょう」 ・「おおきいな」のところは大きく体を動かして歌ったよ。 ・「いってみたいな　よそのくに」のところは，本当に行きたい気持ちで歌ったよ。	思 発言 観察 演奏
○旋律や歌詞から曲想を感じ取って，自分なりに表現を工夫して歌う。 ○学習の振り返りをする。	「海の感じが伝わるように工夫してみんなで歌いましょう」 「この学習で何が楽しかったですか。それはなぜかも考えてみましょう」 ・歌に合わせて体を動かして歌うのが楽しかった。歌の気持ちがよく分かったから。	技 演奏 態 発言

7 授業づくりのポイント

❶ 歌詞が表す情景や気持ちを想像しやすくするための手立てを工夫する

　歌唱では，児童が歌詞の内容から，情景や気持ちを豊かに想像し，それらと曲想との関わりについて考えながら表現の仕方を工夫して歌うことが重要です。1年生では，言葉からその情景や気持ちを想像するだけでなく，写真などを用いて想像を広げることが効果的です。児童が海の写真と歌詞の言葉とを結び付けて，情景や気持ちを豊かに想像することで，歌唱表現に対する思いが高まり，意欲的に歌唱の活動に取り組むようになります。

❷ 教師による範唱や体の動きを模倣する活動を多く取り入れる

　低学年の児童は，体を動かして歌うことで，曲の雰囲気を感じ取り，歌う楽しさをより強く感じることができます。「うみ」では，3拍子をひとまとまりとして大きく捉えた動きを教師が示し，ゆったりとした曲想を児童が感じ取れるようにします。また，教師の範唱を聴いて模倣して歌ったり，教師の体の動きを模倣して動いたりして，曲の雰囲気を捉えていくことが大切です。教師は，児童一人一人の歌い方や体の動きを見取りながら，曲想をよく捉えて歌っている児童の姿を取り上げ，互いに模倣する活動なども取り入れて，児童一人一人が自分なりに曲想を感じ取って歌えるようにしていきます。

　また模倣して歌う活動を通して，教師や友達の歌声や表現のよさに気付くとともに，自分の声や歌い方を意識できるようにすることも重要です。どのように歌いたいかという思いをもつとともに，自分の歌声や言葉の発音を意識して歌う技能を身に付けていくことができるように学習展開を工夫する必要があります。

❸ 歌詞を声に出して読む活動を効果的に取り入れる

　歌唱の活動では，歌詞の表す情景や気持ちから曲想を感じ取ることも大切です。歌詞の内容から情景や気持ちを想像するだけでなく，言葉のリズムを感じ取り，曲の旋律やリズムとの関連について気付くことも重要です。歌詞を読む活動では，歌詞を縦書きにしたものを用意し，児童が言葉により着目できるようにします。

　児童が，縦書きの歌詞から気付いたことや感じ取ったことを共有し，歌詞の中に印をつ

> 三　うみに
> 　　おふねを
> 　　うかばせて
> 　　いってみたいな
> 　　よそのくに
>
> 二　うみは
> 　　おおなみ
> 　　あおいなみ
> 　　ゆれて　どこまで
> 　　つづくやら
>
> 一　うみは　ひろいな
> 　　おおきいな
> 　　つきが　のぼるし
> 　　ひが　しずむ

けたり書き込んだりすると，歌う際にその言葉を意識して歌うようになり，効果的です。ただ，歌詞を読む活動はあくまでも歌唱表現をより豊かにしていくための活動なので，歌詞を読んで想像したことなどを話し合う活動ばかりに時間をとってしまうことは避けなければいけません。例えば，歌詞を読んで，「うみは　ひろいな　おおきいな」の「おおきいな」という言葉に着目し，海がどこまでも遠くまで広がっている感じを想像したとすれば，「それをどのように歌いたいか」と投げかけ，歌唱表現につなげていくことが重要です。

　また，歌詞を声に出して読む活動は，特に1年生にとっては，言葉をしっかり発音して歌うことにもつながります。歌詞の言葉の発音とリズムを捉えて，歌唱の表現に生かしていくように工夫して効果的に取り入れていくとよいです。

❹ みんなで一つになって，広く大きい海をイメージして歌う活動を取り入れる

　1年生の歌唱の学習では，児童一人一人が，それぞれに感じ取った曲想を基に，気持ちを込めて歌う楽しさを十分に味わうことが大切です。曲全体の雰囲気を楽しんで歌うことを重視しながら，旋律やリズムの特徴と歌詞の言葉との関連にも気付けるようにしていきます。児童一人一人が感じ取ったことを教師が取り上げ，全体で共有し，みんなで一つの思いをもって歌う体験をすることで，友達とともに歌う楽しさを味わい，歌唱の学習への意欲を高めることにつながります。「うみ」では，歌に合わせて体を動かしたり，歌詞を読んだりして，児童一人一人が感じ取ったことや想像したことを共有し，「みんなで気持ちを合わせて大きくて広い海の様子を歌で表そう」と投げかけ，みんなで円になって歌うなど場の設定も工夫して，友達と気持ちを合わせて歌う楽しさを体験させることも有効です。みんなで体を動かしながら歌うことで，曲想をより深く感じ取ることができ，より豊かな歌唱表現につながります。児童が気持ちよく歌うことができ，歌唱表現の質も高まったと自覚できるような教師の言葉がけも重要です。児童が曲の雰囲気に十分に浸って，体全体でそのよさを感じ，自分の歌声や表現の仕方を意識しながら歌うことができるような学習を展開してほしいです。

（大幸　麻理）

ようすを 思いうかべて うたおう

学年・活動 第2学年・歌唱　主な教材 「夕やけこやけ」〈共通教材〉

本題材で扱う学習指導要領の内容

2内容　A表現　(1)歌唱ア，イ，ウ(イ)　〔共通事項〕(1)ア

思考・判断のよりどころとなる主な音楽を形づくっている要素：音色，速度，旋律，強弱

1 題材の目標

○「夕やけこやけ」の曲想と音楽の構造，曲想と歌詞の表す情景との関わりに気付くとともに，思いに合った表現をするために必要な技能を身に付ける。

○音色，速度，旋律，強弱を聴き取り，それらの働きが生み出すよさや面白さ，美しさを感じ取りながら，聴き取ったことと感じ取ったこととの関わりについて考え，曲想を感じ取って表現を工夫し，どのように歌うかについて思いをもつ。

○曲想を感じ取って表現を工夫する学習に興味をもち，音楽活動を楽しみながら主体的・協働的に歌唱の学習活動に取り組み，日本の童謡に親しむ。

2 題材の特徴と学習指導要領との関連

❶ 本題材で扱う教材「夕やけこやけ」の特徴

「夕やけこやけ」（中村雨紅作詞，草川信作曲）は，大正12年7月に『文化楽譜 あたらしい童謡・その一』に発表されて以来，多くの人々に親しまれ，広く愛されてきた曲です。ヨナ抜きの音階によるゆったりとした旋律は，8分音符のリズムを基調とし，4つのフレーズからなる二部形式でまとめられています。抒情的な歌詞は味わい深く，田舎の夕暮れの風景を分かりやすく描写しています。夕暮れどきのにぎやかな1番の情景が，2番では満月の静かな夜の情景に移り変わり，時間の経過も捉えやすいことから，児童が想像力を膨らませながら思いをもって歌うことに適した教材といえます。

❷ 「どのように歌うかについて思いをもつ」学習の位置付け

この内容は，歌唱の事項ア「思考力，判断力，表現力等」に関する資質・能力として位置付けられています。曲想を感じ取って表現を工夫し，どのように歌うかについて思いをもつためには，その音楽に固有の雰囲気や表情，味わいを十分に感じ取ることが大切です。

本題材では，歌詞に表されている情景や気持ちを想像しながら旋律の特徴を捉えていくことで，曲想の感じ取りを深めていきます。そして，感じ取ったことを基にいろいろな表現の仕方を工夫することで，思いをもって歌唱で表現する楽しさを味わえるようにします。

3 主体的・対話的で深い学びの視点による題材構成のポイント

❶ 児童の目線に合わせた，魅力的な音や音楽との出会いを設定する

児童が主体的に音楽活動に取り組むためには，曲の魅力や面白さを実感できるようにすることが大切です。そのためには，音や音楽と出会う場面において，児童がそのよさを十分に感じ取れるように配慮する必要があります。ここでは，歌詞の情景を絵に表したり，朗読を取り入れたりして，児童が楽しんで曲と出会う場を設定しました。歌詞や音楽によって喚起されるイメージや気持ちなどに気付かせることで，曲想と音楽の構造，曲想と歌詞の表す情景との関わりに気付き，表したい音楽表現に対する思いを生み出すことができます。

❷ ねらいに即した，効果的な学習形態を設定する

学びを発展させるためには，他者との関わりの中で自分の考えを広げ深めていくことが大切です。そのためには，教師がねらいに即した学習形態を選択し，効果的な対話が実現できる場を設定する必要があります。本題材では，まず付箋やワークシートを用いて，一斉学習や個別学習でじっくりと音楽に向き合う時間を設けました。その後グループ活動を取り入れ，経験を基に友達と対話を重ね，グループの表現を工夫する活動へとつなげました。それぞれの学習形態の効果を見極め，最も適した場を設定することで，学びが発展します。

❸ 思いをもとに，「思考し，判断し，表現する」過程を大切にする

深い学びを実現するには，自分の思いを表出できる方法を思考し，最も適しているものを判断し，知識や技能を得たり生かしたりして表現する，という一連の学びの過程が大切です。そこでグループ活動の際には，工夫のポイントを記号化したアイテムを活用します。互いに試行錯誤しながらアイテムを貼ったり剥がしたりすることで，「思考し，判断し，表現する」活動が何度も繰り返されます。友達と思考や対話を積み重ねることによって感性は磨かれ，学ぶことの本当の楽しさが生まれます。

4 題材の評価規準

知識・技能	思考・判断・表現	主体的に学習に取り組む態度
知 「夕やけこやけ」の曲想と音楽の構造，曲想と歌詞の表す情景との関わりについて気付いている。 技 思いに合った表現をするために必要な，自分の歌声や発音に気を付けて歌う技能を身に付けて歌っている。	思 音色，速度，旋律，強弱を聴き取り，それらの働きが生み出すよさや面白さ，美しさを感じ取りながら，聴き取ったことと感じ取ったこととの関わりについて考え，曲想を感じ取って表現を工夫し，どのように歌うかについて思いをもっている。	態 曲想を感じ取って表現を工夫する学習に興味をもち，音楽活動を楽しみながら，主体的・協働的に歌唱の学習活動に取り組もうとしている。

5 指導と評価の計画（全3時間）

次	○学習内容	指導上の留意事項	評価規準
第一次 （第1時）	**ねらい：「夕やけこやけ」の曲の特徴を感じ取って歌う。**		
	○範唱を聴いて，楽曲の雰囲気や表情を感じ取る。 ○情景を思い浮かべながら，曲想と歌詞の内容や音楽的な特徴との関わりについて気付く。 ○曲想を感じ取って歌う。	・「どんな感じの曲かな」「どんな様子が思い浮かぶかな」など，曲の雰囲気や情景を想像できるような発言を心がける。 ・歌詞を音読したり，旋律の音高やリズムを手の動きで表したりするなど，効果的な手立てを工夫する。	知
第二次 （第2時）	**ねらい：「夕やけこやけ」の歌詞に表されている情景や気持ちを想像し，歌い方を工夫する。**		
	○1番の歌詞が表す情景を想像しながら，どのように歌うかについて思いをもつ。 ○想像した情景に合った歌い方を工夫する。 ○1番の様子を想像しながら，気持ちをこめて歌う。	・拡大紙を準備し，児童の意見をもとに情景を絵で表したり，想像した気持ちを吹き出しに書き込んだりする。 ・児童から出た意見を取り入れながら1番の歌詞を朗読し，思い描いた歌詞の情景を深く味わえるようにする。 ・「歌い方を工夫する」＝「音楽に魔法をかける」（強弱，速度，音色）という形で紹介し，児童が楽しんで工夫を考えられるようにする。	技
（第3時）	○2番の歌詞が表す情景を想像しながら，どのように歌うかについて思いをもつ。（全体→グループ） ○想像した情景に合った歌い方をグループごとに考える。 ○グループで考えた工夫を紹介し，全員で歌う。	・拡大紙に絵を描く際に，色や周囲の音についても注目させ，1番と2番の時間の経過を感じ取ることができるようにする。 ・1番と同じく，児童から出た意見を取り入れながら2番の歌詞を朗読し，思い描いた歌詞の情景を深く味わえるようにする。 ・グループごとに拡大歌詞や歌い方の工夫を記号化したアイテムを配る。貼ったり剥がしたりしながらいろいろな歌い方を試し，思いをグループで共有できるようにする。	思 態

6 本時の流れ（2／3時間）

○学習内容　・学習活動	教師の主な発問と子供の状況例	評価規準と評価方法
ねらい：1番の歌詞に表されている情景や気持ちを想像し，歌い方を工夫する。		
○1番の歌詞が表す情景を想像する。 ・歌詞の内容から，情景や登場人物の気持ちを想像し，発表する。 ・場面の色彩や，聴こえる音についても考え，想像を膨らませる。 ○自分たちの意見を取り入れた教師の朗読を聴き，これから表現する情景を確認する。	「1番のようすを先生と一緒に絵に表してみましょう。何を描けばいいですか」 ・太陽，山，お寺，鐘，子供，からす… ・季節は秋で，鐘の音は「ゴーン」かな。 ・最初は楽しそうだけど，最後は寂しそう。 「1番のようすを，みんなから出た意見を取り入れて，先生がお話してみます。目を閉じて，イメージしながら聴いてください」	
○歌い方の工夫（＝魔法）について知る。 ・声の大きさ（強弱） ・歌う速さ（速度） ・その他（声の出し方や表情など）	「今からこの曲に魔法をかけて，1番のようすが伝わる素敵な歌に変身させたいと思います。どんな歌い方の工夫があると思いますか」 ・やさしい声できれいに歌いたい。 ・最後のところは笑顔で元気に歌いたい。	
○想像した1番の情景に合った歌唱表現の工夫を考える。 ・魔法ごとに色分けした付箋に理由を書いて，拡大歌詞に貼る。	「ここに魔法をかけたい！と思う場所を見つけて，付箋にその理由を書きましょう」 ・日が暮れて〜のところは，どんどん暗くなるから小さく歌いたい。 ・鐘がなる〜のところは，鐘の音が響くようにきれいな声で歌いたい。 ・歌って確かめてみよう。	
○付箋を貼った拡大歌詞を見て，友達が考えた工夫について知る。 ○工夫したところを生かして1番を歌う。 ○よかった点や気付いた点を伝え合う。	「どうしてこの魔法をかけたのですか。理由を教えてください」 「〜の部分は，大きく歌いたいという付箋がたくさん貼られていますね。場面を思い浮かべて，ようすが伝わるように歌ってみましょう」 「意見が分かれているところがあります。（理由を聞いた上で）どちらもよい表現ですね。みんなで歌ってみましょう」	技 発言 観察 演奏
○次時は，グループに分かれて歌い方を工夫することを伝える。		

7 授業づくりのポイント

❶ 歌詞の内容を絵に表し，情景を豊かに想像する

共通教材のような古くから日本で愛されている曲を扱う際には，歌詞の様子を具体的に思い浮かべるために，情景を絵や言葉で表すと効果的です。曲の雰囲気や歌詞に使われている言葉などから児童が主体的にイメージを膨らませた方が，思いをもって歌唱活動に取り組むことができます。その際，色，聴こえてくる音，におい，登場人物の気持ちなども想像させ，工夫の根拠となる要素をたくさん引き出しておくとよいでしょう。

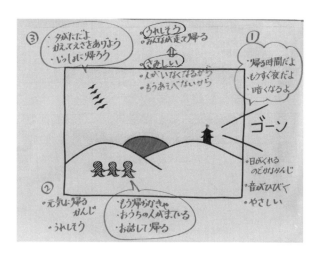

❷ 児童の意見を反映した朗読を取り入れ，歌詞の表す情景を深く味わう

情景を想像した後は，教師が児童から出た意見を取り入れながら歌詞の内容を朗読し，思い描いた情景を深く味わえるようにすると効果的です。

例えば1番の情景を絵に表した際に，「山の間の真っ赤な太陽，のどかな山，お寺の鐘は優しくてゴーンという低い音…」という意見が出てきたとします。最後まで意見を出した後に，

> 1番のようすを，みんなから出た意見を取り入れて，先生がお話してみます。目を閉じて，ようすを思いうかべながら聴いてください。

> 季節は秋。夕方になって，のどかな村は少しずつ日が暮れてきました。山の間に真っ赤な太陽が沈もうとしています。山の上のお寺からは「ゴーン」という低くて優しい鐘の音が響いています。子供たちは…

のように，児童から出た意見を織り交ぜて，じっくりと歌詞の情景を味わう時間を取り入れます。このことで，各自が想像を豊かに膨らませ，表現の工夫に対する思いや意欲が高まります。

❸ 表現の工夫を「魔法」として扱う

低学年の児童は「まほう」「ひみつ」「～の術」などの言葉が大好きです。わくわくしながら活動に取り組めるように，学習の過程で用いる言葉をアイデアのあるものにするとよいでしょう。ここでは，歌い方の工夫について児童から出た意見を集約し，工夫のポイントを①強弱（大きい，小さい）②速度（ゆっくり，はやく）③その他（声や表情など）としました。

活動に入る際には，「『夕やけこやけ』に魔法をかけて，素敵な歌に変身させよう！」と呼びかけることで，児童は楽しみながら表現の工夫を考えることができます。

❹ ねらいに適した学習形態を工夫する

　教師のねらいや児童の実態に応じた学習形態を設定することは大切です。しかし，学習形態を工夫するだけでは深い学びにはつながりません。学びをさらに発展させるための手立てや，全員が安心して活動できるための支援が必要です。

　例えば，一斉学習で歌い方の工夫を考える場合は，付箋を用いると効果的です。個別に歌い方の工夫や根拠を書き，拡大歌詞に貼ることで全員の意見を表示することができます。工夫の内容ごとに付箋を色分けしておけば，

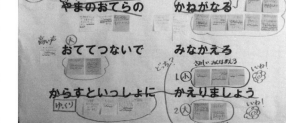

「『ひがくれて〜』のところはゆっくり歌いたいと思う友達がたくさんいるね」
「『かえりましょう〜』のところは大きく歌う，小さく歌う，どちらの意見もあるね。意見を聞いてみたいな」

のように，児童は話合いの視点を視覚的に捉えることができます。教師はグルーピングしながら意見を交流させ，全体で歌って確かめたり味わったりする活動へとつなげます。

各グループに配ったマグネットアイテム。クレシェンド記号は，逆さまにすればデクレシェンドになります。

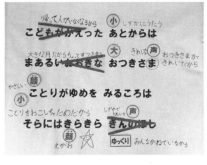

　また，グループで活動させる場合には，歌い方の工夫を記号化したマグネットアイテムを使用するといいでしょう。歌詞を貼ったマグネットボードに，アイテムを貼ったり剥がしたりすることにより，児童同士の対話活動の中でグループの表現を追究することができます。書くことが苦手な児童も，アイテムを基に自分の考えを伝えることができ，友達との関わりを通して音楽表現を工夫する楽しさが生まれます。掲示して発表することで，聴き手の児童は，表現の工夫と表したい情景とを関連させて味わうことができます。

　他にも，互いの考えを交流するねらいであれば，ペア学習も効果的です。この学習を通して，「どんな力を身に付けるようにするのか」というねらいを教師が明確にもち，最も適した学習環境を設定することが大切です。様々な学習形態を取り入れることが目的になってしまうと，「活動あって学び無し」という状況にもなりかねません。限られた時間の中で，どのように音楽的な深まりのある学びの場を設定するか，授業づくりの重要な課題であるといえるでしょう。

（三好　麻里子）

5 こえを 合わせて うたおう

学年・活動 第2学年・歌唱　**主な教材** 「山びこごっこ」

本題材で扱う学習指導要領の内容

2内容　A表現　(1)歌唱ア，イ，ウ(ア)(ウ)　〔共通事項〕(1)ア
思考・判断のよりどころとなる主な音楽を形づくっている要素：音色，強弱，呼びかけとこたえ

1 題材の目標

○「山びこごっこ」の曲想と音楽の構造，曲想と歌詞の表す情景や気持ちとの関わりについて気付くとともに，思いに合った表現をするために必要な範唱を聴いて歌ったり，互いの歌声や伴奏を聴いて歌ったりする技能を身に付ける。

○「山びこごっこ」の音色や強弱，呼びかけとこたえを聴き取り，それらの働きが生み出すよさや面白さ，美しさを感じ取りながら，聴き取ったことと感じ取ったこととの関わりについて考え，互いの歌声及び発音に気を付けて表現を工夫し，どのように声を合わせて歌うかについて思いをもつ。

○「山びこごっこ」の旋律の呼びかけとこたえの表現に興味をもち，音楽活動を楽しみながら主体的・協働的に歌唱の学習活動に取り組む。

2 題材の特徴と学習指導要領との関連

❶ 本題材で扱う教材「山びこごっこ」の特徴

　本教材「山びこごっこ」（おうち・やすゆき作詞，若月明人作曲）の特徴は，1小節ごとに同じ旋律と歌詞が繰り返され，音楽を形づくっている要素としての「呼びかけとこたえ」を捉えながら学習することができるところです。また言葉とリズムの特徴を捉えて，いろいろなリズムを楽しんで歌うことにも適した教材といえます。呼びかける側とこたえる側に分かれて交互唱する活動を楽しみながら，言葉やリズムの特徴を捉えて，声の出し方や歌い方を体の動きも加えて工夫して歌ったり，呼びかける側とこたえる側の声の強弱を工夫して歌ったりして，児童が思いをもって歌う学習を展開します。

❷ 「声を合わせて歌う」学習の位置付け

　低学年においては，教師や友達が歌うのを聴いてまねて歌うことを楽しむ傾向が見られます。模唱の活動を通して，正しい音程やリズムなどに対する感覚を身に付けるとともに，友達の歌声を意識し，よく聴いて歌う素地を養うことが必要です。その際，学習形態を工夫して互いに聴き合う活動を設定し，友達とともに歌う楽しさを十分に味わうようにすることが大切です。

3　主体的・対話的で深い学びの視点による題材構成のポイント

❶ 音楽の構造や歌詞の言葉の面白さを，児童が自ら見いだせるような授業展開をする

　児童が主体的に音楽活動に取り組むためには，曲の楽しさや面白さを十分に感じ取ることが大切です。児童が自ら，その音楽の楽しいところ，面白いところを，歌詞の言葉や音楽の構造などから見いだせるようにし，児童の感じたことを教師が音楽的に価値付けることで，児童は音楽的な見方・考え方を働かせながら曲のよさを感じ取り，主体的に歌唱表現しようとします。

❷ 教師や友達の歌い方を模倣し，いろいろな表現の面白さに気付けるようにする

　「山びこごっこ」のいろいろな言葉やリズムに合う歌い方を工夫することで，いろいろな表現の面白さに気付けるようにします。子供が，教師や友達の歌い方を模倣する活動を通して，その面白さや楽しさを感じ取れるようにし，それぞれが感じ取ったことを言葉や歌で対話しながら共有していきます。その際，曲想と音楽の構造（旋律の繰り返しなど），曲想と歌詞の表す様子との関わりについて，児童が自ら気付けるように指導を工夫することが必要です。

❸ 様々な人数で歌う場面を設定し，思いに合った歌い方を見付けられるようにする

　「山びこ」の楽しさを歌で表現するために，どのように歌いたいかという思いを十分にもたせ，その思いに合った歌い方を友達と協働して見付けていけるような学習展開を工夫します。「子供役」と「山びこ役」の人数を変えて歌ったり，少人数やグループで歌ったりして，様々に歌う場面を設定し，児童が思いに合った歌い方を工夫して楽しむ活動を充実させます。自分がどのように歌ってみたいかという思いを教師が取り上げ，児童の思いが実現するように支援することが，歌唱表現の学びを一層深めることにつながります。

4　題材の評価規準

知識・技能	思考・判断・表現	主体的に学習に取り組む態度
知 「山びこごっこ」の曲想と音楽の構造との関わり，曲想と歌詞の表す情景や気持ちとの関わりについて気付いている。 技 思いに合った表現をするために必要な範唱を聴いて歌ったり，互いの歌声や伴奏を聴いて，声を合わせて歌ったりする技能を身に付けて歌っている。	思 「山びこごっこ」の音色，強弱，呼びかけとこたえを聴き取り，それらの働きが生み出すよさや面白さ，美しさを感じ取りながら，聴き取ったことと感じ取ったこととの関わりについて考え，互いの歌声及び発音に気を付けて表現を工夫し，どのように声を合わせて歌うかについて思いをもっている。	態 「山びこごっこ」の旋律の呼びかけとこたえの表現に興味をもち，音楽活動を楽しみながら主体的・協働的に歌唱の学習活動に取り組もうとしている。

5 指導と評価の計画（全2時間）

次	○学習内容	指導上の留意事項	評価規準
第一次（第1時）	ねらい：「山びこごっこ」の曲想と歌詞やリズムの特徴，呼びかけとこたえの仕組みについて気付き，互いの歌声を聴いて交互唱する。		
	○山びこ遊びをする。	・教師と児童，児童と児童などで，山びこ遊びを行う。 ・いろいろな言葉をいろいろな声やスピードで山びこ遊びをすることで，よく聴いてまねをすることの大切さに気付くとともに，楽しい雰囲気をつくれるようにする。	
	○「山びこごっこ」の範唱を聴いて，曲の雰囲気を捉える。	・曲の楽しい雰囲気をつかませる。	
	○「山びこごっこ」の旋律に合わせてリズム打ちをする。	・言葉によってリズムが違うことに気付かせ，リズムを正しく捉えられるようにする。	
	○「山びこごっこ」をリズムに気を付けて歌う。	・呼びかける側とこたえる側で交互に歌い，拍にのって音程やリズムに気を付けて歌えるようにする。	知
第二次（第2時）	ねらい：「山びこごっこ」の曲の特徴を捉えて，声の音色や強弱を工夫し，互いの声をよく聴いて声を合わせて歌う。		
	○「山びこごっこ」を歌う。	・教師と児童で，呼びかける側とこたえる側になり交互に歌う。 ・実際に山びこをしたときの経験から，山びこがまねをして返ってくることや，遠くから声が返ってくることなどを思い起こさせる。	
	○声の音色や強弱を工夫して歌う。	・呼びかける側は遠くに声が届くように，こたえる側は遠くから声が聴こえてくるようにするために，声の強弱を工夫するとよいことに気付けるようにする。 ・歌い方を工夫して歌っている児童やグループを取り上げ，表現のよさに気付けるようにする。	思
	○友達の声をよく聴いて，声を合わせて歌う。 ○学習の振り返りをする。	・互いの声をよく聴いて，体の動きもまねて声を合わせて楽しく歌えるようにする。	技 態

6 本時の流れ（2／2時間）

○学習内容　・学習活動	教師の主な発問と子供の状況例	評価規準と評価方法
ねらい：「山びこごっこ」の曲の特徴を捉えて，声の音色や強弱を工夫し，互いの声をよく聴いて声を合わせて歌う。		
○「山びこごっこ」を歌う。 ・リズムに気を付けて，拍にのって歌う。 ○実際に山びこごっこをしているつもりで，言葉やリズムに合う声の音色や強弱を工夫して歌う。 ・呼びかけ役と山びこ役が向かい合って歌う。 ・ペアになって，呼びかけ役と山びこ役に分かれて歌う。 ・少人数のグループになって歌う。 ・みんなで呼びかけ役と山びこ役の二つのグループに分かれて歌う。 ・教師が取り上げた子供の歌い方をまねて歌う。 ・呼びかけ役と山びこ役が少しずつ離れて歌う。 ○友達の声をよく聴いて，声を合わせて歌う。 ○学習の振り返りをする。 ・楽しく歌うために頑張ったことを発言したり，ワークシートに記入したりする。	「いろいろなリズムに気を付けて歌いましょう」 「先生が呼びかけ役で歌うので，みんなは山びこ役になってまねをして歌いましょう」 ・いろんな声でまねをして歌うのが楽しいな。 「呼びかけ役と山びこ役とに分かれて歌いましょう」 ・山びこは小さく聴こえてくるから，山びこ役の人は弱く歌うのがいいね。 「近くの人と呼びかけ役と山びこ役を決めて，歌いましょう。いろいろな言葉の歌い方を工夫して歌ってみましょう」 ・笑う感じのところは，明るい声や動きで歌うと楽しいな。 「○○さんのグループの歌い方を聴いて，いいところを見付けましょう」 ・「やっほー」のところは，遠くに響くような声で歌っているね。 ・山びこ役は，呼びかけ役の声をよく聴いて合わせて歌っているし，山びこのように声を弱くして本物の山びこのように歌っているよ。 「いろいろな言葉に合う声で，みんなで歌いましょう。山びこ役の人は，呼びかけ役の声をよく聴いて合わせて歌いましょう」 「この学習で楽しく歌うために頑張ったことは何ですか」	思 観察 発言 技 演奏 態 発言 ワークシート

7 授業づくりのポイント

❶ 導入に「山びこ」の楽しさを味わう活動を取り入れる

「山びこ」の楽しさは，自分の言葉がそのまま返ってくるところにあります。まずは，歌唱表現に入る前に，「山びこ遊び」を通して，言葉をまねて言う活動を取り入れ，その楽しさを味わえるようにします。その際，いろいろな言葉をいろいろな声で言い，それをまねることで，いろいろな声の出し方を体験するようにします。また，声と同時に体の動きも入れて，それもまねをする活動を通して，まねることの楽しさや「山びこ」の楽しさを十分に味わえるようにします。また，山びこが遠くの山から小さく聴こえてくることを実際の経験から思い起こし，「本物の山びこのようにまねをしてみよう」などと呼びかけ，声の強弱をつけて言うことにも気付けるようにします。「山びこ遊び」を通して，「山びこごっこ」の曲に興味をもち，歌唱表現への意欲を高めるようにしていきます。

❷ 言葉やリズムの特徴を捉えて，まねをして歌う楽しさを味わう活動を設定する

「山びこごっこ」の歌詞やリズムの特徴を捉えて，その面白さを感じ取りながら，歌い方を工夫する活動場面を設定します。「やまびこさーん」「まねっこさーん」「やっほー」「よほほほほー」「えへへへへへー」「まねするなー」を歌いながらそれぞれリズム打ちして，リズムの違いを感じ取らせます。教師が打ち，児童がまねをして打つという活動から，児童が打つ，教師がまねをする，友達同士でまねをして打つなど様々に役を変えて楽しみながら，リズムの特徴を捉えさせます。その際，児童が拍をしっかり感じてリズム打ちをすることが大切です。拍になかなかのれない児童がいる場合には，教師の拍打ちや伴奏に合わせて拍を感じてリズム打ちができるようにします。リズムの特徴を感じ取ることができたら，その特徴に合う歌い方を試して歌う活動を取り入れます。教師がそれぞれの言葉で歌い方を変え，児童がそのまねをして歌う活動を設定することで，児童がいろいろな歌い方に気付くようにすることも有効です。教師は，歌い方をうまくまねをして歌っている児童の姿を取り上げ，全体の前で紹介するなどして，相手の声をよく聴いて歌う大切さに児童が気付けるようにします。

児童が言葉とリズムの特徴とその面白さを十分に感じ取り，曲全体の楽しさを味わいながら，表現の工夫に対しての思いを膨らませるようにすることが大切です。

❸ 役割を交互に変えて，いろいろな歌い方を試す活動を設定する

リズムの特徴を捉え，まねをして歌う楽しさを味わうことができたら，その言葉やリズムの特徴に合う歌い方をいろいろと試して歌う活動を行います。教師の範唱を聴いて，児童がいろいろな歌い方のヒントを得て，自分なりに工夫して歌ったり，友達の工夫した歌い方のまねをして歌ったりする活動を楽しめるようにします。例えば，「やっほー」のところは，遠くの山

に向かって呼びかけるように歌いたいという思いを基に，声の響きが遠くに届くように，息を大きく吸って響く声で歌う，「えへへへへへー」のところは，笑うような楽しい感じで歌いたいという思いをもって，笑っているような声で歌うなど，児童が自らいろいろな思いをもって声や歌い方をいろいろに試しながら歌うことが大切です。その際，呼びかけ役と山びこ役を交互に変えて，声や歌い方を模倣して歌う活動を繰り返し行うことで，児童の歌唱表現に対する思いをさらに高めていくことが重要です。例えば，

・教師が先に歌い，児童が山びこ役になってまねをして歌う。

・上手にまねをして歌っている児童を取り上げ，教師と二人で全体の前で歌う。

・それぞれの言葉について，工夫して歌っている児童を取り上げ，その児童の声や歌い方をみんなが山びこ役になってまねをして歌う。

以上のような活動を効果的に行い，それぞれの表現のよさに児童が気付き，それを全体で共有できるようにすることで，音楽的な見方・考え方を働かせて，よりよい音楽表現を工夫しようとする態度を育てることが大切です。

❹ 多様な学習形態を取り入れ，それぞれの楽しさを体験させる

　この教材では，いろいろな歌い方を工夫して，それを子供同士が模倣して交互に歌う楽しさを十分に味わうことが重要です。先にも述べたように，低学年においては，声だけでなく，体の動きも取り入れて，その動きのまねをすることで，本教材の楽しさや面白さをより感じ取りながら歌うことができます。また，交互唱の活動では，教師と児童，児童を2つのグループに分けて歌う，という他に，ペアで歌う，少人数のグループで歌う，など人数構成を変えることも，児童の表現の工夫を広げる手立てとなります。それぞれの活動を通して，児童が友達の歌い方のよさや楽しさについて気付いたことや感じたことを取り上げ，共有していくことで，さらに表現を高めていくことができるでしょう。

　模倣して歌う際は，相手の声をよく聴き，どのように歌っているかをよく見ながらまねて歌うことが大切です。そのためには，向かい合って歌えるような場の設定を工夫します。いろいろな形態で交互唱を楽しみながら，「山びこの感じが表れるように歌うには，呼びかけ役と山びこ役とが，少し離れて歌った方が感じが出る」というように，それぞれの児童がどのように歌ったらより楽しく曲に合った歌い方ができるかを考えて，試して歌うことがとても重要です。教師が次の活動を指示して学習を進めていくのではなく，児童が自ら「どのように歌うと思いに合ったように歌えるか」を考え，様々に試しながら表現の幅を広げていくことが，主体的に歌唱の活動に取り組む態度を育むことになるという視点をもって，授業展開を工夫することが大切です。

（大幸　麻理）

6 どれみと なかよく なろう

学年・活動 第1学年・器楽　主な教材 「どれみであいさつ」「なかよし」

本題材で扱う学習指導要領の内容

2内容　A表現　⑵器楽ア，イ⑷，ウ⑷〔共通事項〕⑴ア

思考・判断のよりどころとなる主な音楽を形づくっている要素：音色，旋律，強弱，呼びかけとこたえ

1 題材の目標

○楽器の音色と演奏の仕方との関わりについて気付くとともに，音の高さの違いに気を付けながら階名で模唱したり暗唱したり，音色に気を付けて楽器を演奏したりする技能を身に付ける。

○音色，旋律，強弱，呼びかけとこたえを聴き取り，それらの働きが生み出すよさや面白さ，美しさを感じ取り，聴き取ったことと感じ取ったこととの関わりについて考え，どのように演奏するかについて思いをもつ。

○いろいろな音色で演奏することに興味をもち，音楽活動を楽しみながら主体的・協働的に器楽の学習活動に取り組み，鍵盤ハーモニカの演奏に親しむ。

2 題材の特徴と学習指導要領との関連

❶ 鍵盤ハーモニカ導入期の学習の位置付け

　本題材は，鍵盤ハーモニカの導入期に取り入れたい内容が盛り込まれています。就学前から鍵盤ハーモニカに親しんでいる児童がいる一方，ここで初めて鍵盤ハーモニカと触れ合う児童もいます。学習経験が様々な児童が，全員「楽器を演奏することが好き」と思えるように活動を進めたいところです。そのために，楽器そのものに慣れ親しんでいくこととみんなで演奏する楽しさを味わえるようにすることを大事にして，児童の興味を引き出していくことが大切です。楽しく活動していく中で，学習内容の定着を図っていく題材といえます。

❷ 音色に向かう素地の形成

　それぞれの楽器には固有の音色があり，演奏の仕方を工夫することにより，その音色が変化していくことに気付くことが，第1学年及び第2学年の器楽イ⑷で求められています。低学年の児童は，楽器そのものや演奏に高い興味を示します。そこで，鍵盤ハーモニカの音の出し方を様々に試したり，どんな音を出そうか考えさせたりする学習活動を取り入れるなどして，無理なく児童の考えを引き出し，鍵盤ハーモニカの演奏の仕方と音色との関わりに気付くことができるようにすることが大切です。

3 主体的・対話的で深い学びの視点による題材構成のポイント

❶ 自由に音を出して演奏を試す場を充実させる

　低学年の児童は，意欲的に鍵盤ハーモニカの演奏に取り組むことができます。特に苦手意識をもたない段階で，主体的に演奏を楽しめるようにしたいところです。そのためには，どうすれば音色を操作することができるのか，実感を伴って理解させることが大切です。自由に演奏を試す場を確保した上で，どのような演奏をしようとしているのか児童の考えを引き出せるように教師が関わっていくことが，児童主体の音楽表現につながっていきます。

❷ どんな演奏をしようとしていたのか拾い上げて共有する

　児童は，感じ取ったことや考えていたことを音楽表現として表していきます。そこで，題材のねらいに向かっている児童に対して，どんなことを考えて表現していたのかを問いかけたり，表現のよさを教師が価値付けたりしていきましょう。言葉だけでなく，音や音楽によるコミュニケーションを重視して活動を計画し，体験を通した気付きを促すことも大切です。

❸ 児童の姿から活動をつなげていく

　児童の学びを深めるためには，児童が課題意識をもって活動していることが重要です。児童の課題意識が，そのまま授業のねらいになっていることが理想的です。しかし，第1学年の児童に自分の課題意識を発表させるのは難しいことです。そこで，児童の音楽表現をよく見取り，どんなことに挑戦しているか，どんなことにつまずいているかを推察することが大切です。児童の具体的な姿を捉えることで，既習内容を振り返らせたり新たな課題を提示したりして，学習活動をつなげることができます。そうすることで，無理なく新たな課題に向かうことができ，知識や技能の習得を図りながら学びを深めていくことができます。

4 題材の評価規準

知識・技能	思考・判断・表現	主体的に学習に取り組む態度
知技 楽器の音色と演奏の仕方との関わりについて気付くとともに，音色に気を付けて楽器を演奏する技能を身に付けて鍵盤ハーモニカを演奏している。	思 音色，旋律，強弱，呼びかけとこたえを聴き取り，それらの働きが生み出すよさや面白さ，美しさを感じ取り，聴き取ったことと感じ取ったこととの関わりについて考え，どのように，鍵盤ハーモニカを演奏するかについて思いをもっている。	態 互いの声や音を使って聴き合いながら，鍵盤ハーモニカでいろいろな音色で演奏することに興味をもち，音楽活動を楽しみながら主体的・協働的に器楽の学習活動に取り組もうとしている。

5 指導と評価の計画（全4時間）

次	○学習内容	指導上の留意事項	評価規準
第一次（第1時）	**ねらい：ドレミの音の高さや鍵盤の位置を覚えて演奏する。**		
	○声でドレミの3音の模唱をする。	・音高と音名を一致させるために，手で音の高さを示しながら歌うようにする。	
	○ドレミの3音で即興的に旋律をつくって鍵盤ハーモニカで演奏する。	・どんな演奏にしようか考えられるように，あらかじめ強弱やリズムに関する視点を与えた上で，自由に演奏させたり友達同士でまねっこさせたりする。	
	○ドレミの3音で旋律のまねっこをする。	・強弱やリズムを変えた演奏を視奏させたり，友達同士でまねっこし合ったりさせる。	
（第2時）	○「どれみであいさつ」（長谷部匡俊作曲）を階名唱する。	・模唱させたり主旋律を弾いたりしながら手で音の高さを示す等をして，音高と音名の一致を図る。	
	○音色に気を付けて，表したい思いをもって「どれみであいさつ」を鍵盤ハーモニカで演奏する。	・強弱のつけ方を指示し，どのように演奏したのかを問いかけて全体で共有する。	思 知技
第二次（第3時）	**ねらい：ドレミファソの音の高さや鍵盤の位置を覚えて演奏する。**		
	○ドレミファソの5音で即興的に旋律をつくって鍵盤ハーモニカで演奏する。	・どんな演奏にしようか考えられるように，あらかじめ強弱やリズムに関する視点を与えた上で自由に演奏させる。	
	○ドレミファソの5音で旋律のまねっこをする。	・強弱やリズムを変えた演奏を視奏させたり，友達同士でまねっこし合ったりさせる。	
（第4時）	○「なかよし」（海野洋司作詞，佐井孝彰作曲）を階名唱する。	・模唱させたり主旋律を弾かせたりしながら手で音の高さを示す等して，音高と音名の一致を図る。	
	○音色に気を付けて，表したい思いをもって「なかよし」を鍵盤ハーモニカで演奏する。	・どのような演奏にしたかったのか具体的な姿から推察し，児童の考えを引き出して全体で共有する。	思 知技 態

6 本時の流れ（3，4／4時間）

○学習内容　・学習活動	教師の主な発問と子供の状況例	評価規準と評価方法
ねらい：音色に気を付けて「なかよし」を鍵盤ハーモニカで演奏する。		
○手拍子でリズム遊びをする。 ・ベースとなる打楽器等の速度に合わせて自由に手拍子する。 ・強弱，リズムについて，どのような演奏にしようか考えて手拍子する。 ○ドレミファソの5音で即興的に旋律をつくったり，つくった旋律をまねっこしたりする。 ・ベースとなる速度に合わせて自由に5音で演奏する。 ・教師の演奏をまねっこする。 ・友達同士で演奏をまねっこし合う。	「太鼓の速さに合わせて自由に手拍子しましょう。強い音や弱い音，長い音や短い音，お休みなど，いろいろ試してみましょう」 ・強い音でやろう。 ・長い音と短い音を両方使おう。 「今度は太鼓の速さに合わせて，ドレミファソの5音を自由に演奏しましょう。強さや音の長さをいろいろ試しましょう」 ・手拍子のときみたいに長い音と短い音を混ぜて吹こう。 ・先生の指が見えているときは安心してまねっこできるね。見えないときはよく聴いて吹こう。 ・結構強い音で途中に休みを入れているな。	
○「なかよし」を階名唱する。 ・教師に続いて階名で歌う。 ・音の高さに合わせて手を動かしながら歌う。 ○音色に気を付けて，表したい思いをもって「なかよし」を鍵盤ハーモニカで演奏する。 ○学習を振り返る。	「『なかよし』をドレミで歌います。音の高さに合わせて手を動かせますか」 ・先生に続いて歌うのは大丈夫だな。 ・ドが一番下で，ソが一番上だな。 「鍵盤ハーモニカでもやってみましょう。だんだん音色を変えていきます。まずは，強い音で。次に優しい音で。どんなふうに演奏しましたか」 ・強い音にするには，息をいっぱい入れて吹くといいね。 ・優しい音のときは，息も優しく吹いてふわっとした演奏にしよう。 ・元気に演奏するときは，トゥットゥッと息を区切って弾むように演奏しました。結構強めの息でした。 「今日の学習の感想を聞かせてください」	思 　演奏の様子 　発言の内容 知技 　演奏，発言 態 　観察，発言

7 授業づくりのポイント

❶ すべり止めシートと階名シールを活用する

鍵盤ハーモニカ導入期の指導で，姿勢や運指についてはきちんと指導したいところですが，そこにばかり意識が向いてしまうと音色に関する思考が働きにくくなり，活動が停滞することがあります。児童が活動しながら自然と正しい姿勢がしやすい環境を整えることで，児童の表現に向かう意欲を持続させることができ，技能や思考の深まりにもつながっていきます。もちろん，環境だけ整えても児童の意識がそこに向かわなければ効果も薄くなります。折に触れて正しくできている児童を称揚したり，シートやシールの意味を振り返ったりすることもポイントとなります。

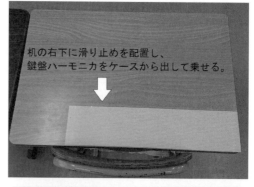

机の右下に滑り止めを配置し，
鍵盤ハーモニカをケースから出して乗せる。

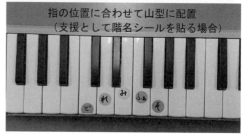

指の位置に合わせて山型に配置
（支援として階名シールを貼る場合）

❷ 「できた人」と「まだ心配な人」と問いかける

児童が自分のでき栄えに気付いていることが重要です。しかし，第1学年の児童に「できた人は手を挙げて」と挙手を求めても，でき栄えに関係なく手が上がりがちです。ねらいの絞り切れない教師の問いかけや，できないことに対する児童の不安感が影響してしまいます。そこで，自己評価を求める際には「できた人」と同時に「まだ心配な人」の挙手を求め，重要視します。まずは，自分に正直にでき栄えを判断することができる環境を整えることで，ねらいを把握したり課題に気付いたりすることができ，学びを深めていくことにつながります。そして，どのような課題があると思ったのかを引き出して，新たな活動へとつなげていくことも教師の大切な役割です。

❸ 階名唱を重要視して活動に取り組む

第1学年の段階で，音の高さと階名との関係は理解させておきたいです。鍵盤ハーモニカ導入期の曲には順次進行のものが多く，本題材で取り上げる2曲も順次進行の旋律です。そこで，鍵盤ハーモニカで演奏する前に階名で歌うことからスタートします。そうすることで，児童は歌いながら旋律を覚えることができ，鍵盤への移行がスムーズになります。加えて，階名唱の際には手の高さで音の高さを示したりハンドサインを用いたりします。そうすることで，声で発する階名と音の高さとの関係を体感的に理解することができ，ここから様々な活動へと発展していく下地となります。

❹ 鍵盤ハーモニカで出したい音の指示は，だんだんと抽象度を上げていく

　児童が自由に音を出している段階から，徐々に演奏の仕方をコントロールして，自分の思う音色で演奏できるように進めていきたいところです。そのためには，児童の「分かった」「できた」を積み重ねていく必要があります。鍵盤への苦手意識がある児童もいますので，まずは手拍子で音を操作する視点をもたせます。教師が太鼓等でテンポを示し，速さだけ合っていれば自由に手拍子をしてよいこととします。その中で，強い音や弱い音，長い音や細かい音，休みを使ったリズム等を児童の表現から見付けて価値付けします。その後，鍵盤ハーモニカに移ります。3音や5音を自由に吹く音楽遊びの中で，上記の視点で演奏させると，一度手拍子で体験してい

```
〈音色の抽象度を上げる流れ〉
手拍子遊び
　・強い音　　・弱い音
　・長い音　　・細かい音
　・休みを入れたリズム
　　　↓
そのまま，鍵盤ハーモニカで演奏
　　　↓
抽象度を上げて，
　・優しい音色で
　・元気な音色で　　等
```

ることですので比較的スムーズに演奏できます。このとき，「どうやったらできたの？」と問いかけ，息の使い方と音の強弱やリズムとの関わりを全体で共有しておきます。タンギングの指導も，ここで絡めておくと少しずつ導入していくことができます。その後，抽象度を上げて「優しい音色で」「元気な音色で」と指示していきます。そうすると，息の使い方と音の関わりに気付き始めた児童は，「優しい音のときは，優しくふわっと吹きました」「元気な音にするには，息は強めに入れて音をぴたっと区切るといいよ」という内容を，1年生なりの言葉で説明します。ここでの説明は「本当？」と投げ返して，実際に演奏した音で確認しながら共有していくと，児童の考えと音楽表現の結び付きを図ることができます。このような活動を繰り返すことが，自分の思いをもって表現する姿につながっていきます。

❺ 一人演奏，一人歌唱の場を設ける

　音楽の学習の連続性を考えたときに，学年が進んでも，堂々と自分の考えを表現できるように育てたいものです。そのためには低学年での活動が非常に重要です。「最初のところだけやってみて」「今のいいね。もう一度聴かせて」というように，児童へのプレッシャーが少ない課題から，音楽的に価値付けることを通して，一人でも表現できることに慣れさせておくとよいでしょう。このとき，決して無理強いはしないことが大切です。また，一人演奏をリレーする活動や少人数で演奏し合う活動を設けることも，一人で表現することに慣れる場になります。小さな活動を積み重ねて，児童が自分の考えをのびのびと表現できる姿につなげていきましょう。

（山本　陽）

7 うたごえと がっきのおとを あわせて えんそうしよう

学年・活動 第1学年・器楽 **主な教材** 「とんくるりん ぱんくるりん」

本題材で扱う学習指導要領の内容

2内容 A表現 (2)器楽ア，イ(イ)，ウ(ア)(ウ) 〔共通事項〕(1)ア
思考・判断のよりどころとなる主な音楽を形づくっている要素：リズム，拍，音楽の縦と横との関係
(歌声と楽器の音との重なり方)

1 題材の目標

○楽器の音色と演奏の仕方との関わりについて気付くとともに，思いに合った表現をするために必要な技能を身に付ける。

○打楽器のリズムや3拍子の拍，音楽の縦と横との関係を聴き取り，それらの働きが生み出すよさや面白さ，美しさを感じ取りながら，聴き取ったことと感じ取ったこととの関わりについて考え，曲想を感じ取って表現を工夫し，どのように演奏するかについて思いをもつ。

○歌声と楽器の音とを合わせて演奏する活動に興味をもち，音楽活動を楽しみながら主体的・協働的に器楽の学習活動に取り組み，合奏に親しむ。

2 題材の特徴と学習指導要領との関連

❶ 本題材で扱う教材「とんくるりん ぱんくるりん」の特徴

　A–B–Aの三部形式の「とんくるりん ぱんくるりん」（滝紀子作詞，川崎祥悦作曲）は，それぞれの部分で楽器編成を変えて演奏することが多い曲です。楽器の編成が変化するので，音の重ね方による響きの違いを感じ取り，歌と楽器の重ね方を工夫しながら合奏することができます。また，ここで扱う楽器はこれまでの学習で既に取り上げているものを使用することで，無理なく合奏に取り組むことができ，児童の器楽合奏への意欲を育てることができると考えられます。

❷ 「音を合わせて演奏する」学習の位置付け

　学習指導要領における「音を合わせて演奏する」活動は，第1学年及び第2学年の事項ウ(ウ)において「互いの楽器の音や伴奏を聴いて，音を合わせて演奏する技能」が示されています。低学年では，友達が演奏する音や伴奏を聴きながら，音を合わせて演奏する楽しさを感じ取ることができるように指導を工夫する必要があります。本題材では，いくつかのパートを重ねて演奏する活動を取り上げます。

3 主体的・対話的で深い学びの視点による題材構成のポイント

❶ 児童が見通しや思いをもって学習に取り組めるようにする

　児童が演奏に対する思いや学習の見通しをもつことで，主体性を引き出すことができます。見通しをもつためには，題材全体や1時間ごとのゴール，つまり，「めあて」を明確に示す必要があります。教師が一方的に示すのではなく，音楽を手がかりに児童とやりとりしながらその思いを引き出し，めあてに取り入れることが大切です。また，振り返りカードを活用し，記述内容を授業の中で取り上げることで，児童の思いを生かした授業を展開することができます。

❷ 教師が言葉を補ったり，話合いをコーディネートしたりする

　1年生は，自分の思いを言葉でうまく表現できないことがあります。そのようなときは，「同じ考えの人はいますか」，「～さんは，音楽のどの部分からそう感じたと思いますか」と投げかけ，児童の発言を学級全体で考えていきます。一人の発言を全体で共有し，教師が言葉を補ったり，話合いをコーディネートしたりすることで，対話が生まれます。範奏や楽譜をよりどころにしながら対話できるような声かけを意識することで，児童の音楽的な見方・考え方が働き，学びを深めていくことにつながります。

❸ 様々な学習形態を取り入れ，目的意識をもって学習活動に取り組めるようにする

　必要に応じてペアで学習したり，聴き役を立てて演奏したりする活動を取り入れることで，授業展開を豊かにすることができます。このとき，本時のめあてに沿って学習活動が進むように，十分配慮しなければなりません。例えば，正しいリズムで打楽器を演奏できているかを確認する，思いに合った表現にするための助言をもらうなど，活動の視点を提示することを大切にします。児童が目的意識をもって学習することで，深い学びにつなげることができます。

4 題材の評価規準

知識・技能	思考・判断・表現	主体的に学習に取り組む態度
知 楽器の音色と演奏の仕方との関わりについて気付いている。 技 思いに合った表現にするために必要な，リズム譜を見て演奏したり，互いの音や伴奏を聴いて，歌声と楽器の音とを合わせて演奏したりする技能を身に付けて演奏している。	思 打楽器のリズムや3拍子の拍，音楽の縦と横との関係を聴き取り，それらの働きが生み出すよさや面白さ，美しさを感じ取りながら，聴き取ったことと感じ取ったこととの関わりについて考え，曲想を感じ取って表現を工夫し，どのように演奏するかについて思いをもっている。	態 歌声と楽器の音とを合わせて演奏する活動に興味をもち，音楽活動を楽しみながら，主体的・協働的に器楽の学習活動に取り組もうとしている。

器楽
1年

5 指導と評価の計画（全3時間）

次	○学習内容	指導上の留意事項	評価規準
第一次（第1時）	**ねらい：拍やリズムに気を付けて，歌ったり楽器を演奏したりする。**		
	○範奏を聴いて曲の雰囲気や歌声と楽器の重なりを捉える。	・児童から出てきた気付きは，範奏を聴いて確認し，学級全体で共有する。 ・範奏に合わせて手拍子をしたり体をゆらしたりして，「あ」の部分と「い」の部分の雰囲気の違いを感じ取れるようにする。	
	○範奏に合わせて，歌詞唱したり打楽器のリズムを手拍子で打ったりする。	・「タン」や「ター」などの言葉でリズム唱し，「あ」と「い」のリズムの違いに気付く。	
	○リズム譜を見ながら，範奏に合わせてタンブリン，トライアングルを演奏する。	・教師の演奏や映像を見て，楽器の演奏の仕方を確認する。 ・両方が体験できるように，学級を半分に分けて交代しながら演奏する。	
	○分かったことや気付いたことを振り返りカードに記入する。	・「あ」と「い」の雰囲気の違いやリズムの違いについて記入するように伝える。	
第一次（第2時）	○範奏を聴いたり，階名唱やリズム唱したりして，鍵盤ハーモニカの旋律を捉える。	・階名唱やリズム唱を通して，「あ」と「い」の旋律の特徴に気付くことができるようにする。	知
	○リズムの変化に気を付けて，鍵盤ハーモニカを演奏する。		
	○歌と鍵盤ハーモニカを合わせて演奏する。	・実態に合わせて伴奏を遅くするなど，児童が無理なく演奏できるようにする。	
	○分かったことや気付いたことを振り返りカードに記入する。	・鍵盤ハーモニカの旋律の特徴について分かったことや歌と合わせて演奏して感じたことなどを記入する。	
第二次（第3時）	**ねらい：3拍子の拍に合わせて，歌声と楽器とを合わせて演奏する。**		
	○曲の雰囲気の変化を意識して各パートを演奏する。	・前時までの学習を振り返り，「あ」と「い」では，曲の雰囲気やリズムが変化することを確認する。	技 思
	○表現の仕方を工夫して，歌声と楽器を重ねて演奏する。	・聴き役を立て，拍に合っているか，歌と楽器の重なり方はよいかなどを確認しながら演奏する。	
	○工夫したことやできるようになったことを振り返りカードに記入する。	・拍に合わせたり歌声と楽器とを合わせたりする際に，どのような工夫をしたのかについて記入するように声をかける。	態

6 本時の流れ（3／3時間）

○学習内容　・学習活動	教師の主な発問と子供の状況例	評価規準と評価方法
ねらい：3拍子の拍に合わせて，歌声と楽器とを合わせて演奏する。		
○曲の雰囲気の変化を意識して各パートを演奏する。 ・前時までの学習を振り返り，「あ」と「い」で曲の雰囲気やリズムが変化することを確認する。 ・「あ」と「い」の違いを意識し，伴奏に合わせて各パートを演奏する。	「『あ』と『い』には，どのような違いがありましたか。違いに気を付けて，歌ったり楽器を演奏したりしましょう」 ・「あ」は元気で楽しい感じ，「い」は優しくて落ち着いた感じがしたんだったね。 ・タンブリンは休みが合ったけど，トライアングルは「ター」と伸ばしたよ。 ・「あ」はリズムが速いけれど，「い」はおそいです。	
○表現の仕方を工夫して，歌声と楽器を重ねて演奏する。 ・学級で役割を分担し，歌と楽器を合わせて演奏する。 ・演奏して気付いたことを発表する。 ・聴き役を交代しながら，表現の仕方を工夫して合奏する。	「役を分けて演奏し，気付いたことを発表しましょう」 ・みんなのリズムがバラバラだった感じがしました。 「聴き役に，拍に合っているか，『あ』と『い』の違いが出せているかを確認してもらいながら演奏しましょう」 ・歌のパートがもっと聴こえるといいです。 ・「あ」は拍に合っていたけれど，「い」は拍に合っていませんでした。 ・「あ」の元気な感じと「い」の優しい感じの違いが出せていてよいと思いました。	思 　発言 　行動観察 　振り返りカード 技 　演奏聴取 　行動観察
○工夫したことやできるようになったことを振り返りカードに記入する。 ・拍に合わせたり歌声と楽器とを合わせたりする際に，どのような工夫をしたのかについて記入する。	「歌と楽器を重ねて演奏したり，伴奏に合わせたりするときに，気を付けたことやできるようになったことを書きましょう」 ・心の中で歌を歌いながら演奏したら，拍に合わせることができました。 ・タンブリンを優しく演奏したら，歌が聴こえるようになりました。 ・曲の感じの違いを出せたよ。	態 　行動観察 　振り返りカード 　演奏聴取

※A−B−A形式について，授業では「あ」「い」「あ」で表しています。

器楽
1年

7 授業づくりのポイント

❶ 楽器を演奏する楽しさを感じ取ることができるように，指導方法を工夫する

　器楽の学習では，児童が楽器を演奏することに慣れ親しみ，その楽しさを味わいながら活動に参加できるようにすることが大切です。学級の実態やこれまでの学習経験を踏まえて，楽器を編成したり，学級全体で合奏するのか，グループに分けて合奏するのか，その形態を選んだりする必要があります。児童は，自分が担当するパートが自信をもって演奏できるようになると，伴奏を聴いたり友達と音を合わせたりしながら演奏することに意欲的に取り組みます。リズム打ちや階名唱などを通して旋律に慣れ親しみ，楽器に触れる時間を十分に確保できるように配慮します。他にも，楽譜を簡易にする，一部のフレーズを演奏するといった，個に応じた支援を通してどの児童も楽器を演奏する楽しさを味わえるようにしていきます。

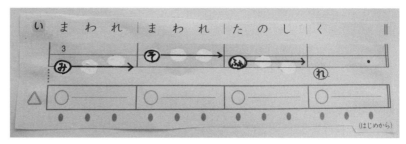

簡易にした楽譜の例

❷ 振り返りカードを活用する

　学習活動の終わりに，「振り返りカード」を書くことで，一人一人の児童の思いを具体的に見取ることができ，評価の資料にすることができます。右は，第2時終了時に児童が記入した振り返りカードです。教師は，「伴奏や歌に合わせて鍵盤ハーモニカを演奏した

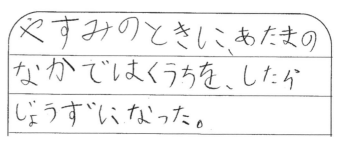

第2時で児童が書いた振り返りカード

ときに，どのようなことに気を付けたのかを書きましょう」と，書く内容についての視点を示しました。視点を示して振り返りカードを書くことで，児童はその時間で身に付けた力を確認しながら，学びを深めていきます。また，振り返りカードに記入された内容から次時の学習を展開することも可能になり，主体的な学びにつなげることができます。

❸ 体全体を使って曲の特徴を感じ取り，教師が言葉で価値付けしていく

　1年生の児童は，曲を楽しんで聴く姿が多く見られます。ときには，曲に合わせて体を動か

す児童も見られます。一方で，曲を聴いて感じたことを言葉でうまく表現できないことがあります。そこで，体を動かしたり拍打ちをしたりしながら範奏を聴く活動を多く取り入れ，体全体を使って曲の特徴を感じ取ることを大切にします。

　曲の途中で体の動きが変わった児童がいればその様子を取り上げ，学級全体でその子の動きを模倣したり，なぜ動きが変化したのかについて考えたりします。「どうして動きが変わったのかな」や，「音楽のどの部分からそう感じたのかな」などと問いかけることで，曲の特徴に気付くことができます。また，「〜さんの動きは，はずむ感じが伝わってくるね」のように，教師が言葉で価値付けしていくことで，言葉での表現の仕方を理解し，語彙が豊かになっていきます。授業で出てきた「曲想を表す言葉」を一覧にまとめて掲示し，学習中いつでも見ることできるようにしておくと，児童が発言する際のヒントとなります。

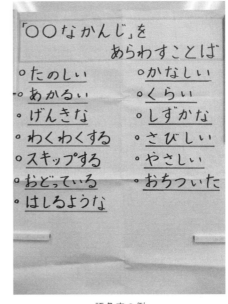

語彙表の例

❹ 学びの連続性を意識して指導計画を立てたり，掲示物を作成したりする

　深い学びを実現するためには，題材内だけではなく題材と題材の間でも学びが連続するように工夫しなければなりません。本題材では，鍵盤ハーモニカを使用しました。授業の導入で既習教材である「どんぐりさんのおうち」を扱って鍵盤の位置を確認したり，「なかよし」を取り上げて鍵盤ハーモニカの演奏の仕方を想起したりすることで，児童は既習内容を生かして学習に取り組むことができます。また，拡大した楽譜を用意して，児童から出てきた気付きを書き込む，板書の内容を画用紙などに写し直して掲示するといった支援をすることで，題材内での学びの連続性を意識できるようにすることも大切な手立てとなります。

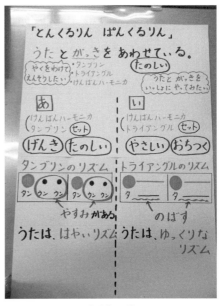

教室掲示物

（増田　裕子）

8 たがいの がっきのおとを ききあいながら えんそうしよう

学年・活動 第1学年・器楽　**主な教材** 「こいぬのマーチ」

本題材で扱う学習指導要領の内容

2内容　A表現　(2)器楽ア，イ(ア)(イ)，ウ(ア)(イ)(ウ)　〔共通事項〕(1)ア
思考・判断のよりどころとなる主な音楽を形づくっている要素：音色，旋律，反復，変化

1　題材の目標

○「こいぬのマーチ」の曲想と，音楽の構造や歌詞の表す情景との関わりについて気付くとともに，思いに合った表現をするために必要な技能を身に付ける。

○「こいぬのマーチ」の音色，旋律，反復，変化などを聴き取り，それらの働きが生み出すよさや面白さ，美しさを感じ取りながら，聴き取ったことと感じ取ったこととの関わりについて考え，曲の特徴を捉えて表現を工夫し，どのように演奏するかについて思いをもつ。

○曲の特徴や音を合わせて合奏する学習に興味をもち，音を合わせて演奏する活動を楽しみながら主体的・協働的に器楽の学習活動に取り組み，楽器の演奏に親しむ。

2　題材の特徴と学習指導要領との関連

❶ 本題材で扱う教材「こいぬのマーチ」の特徴

　「こいぬのマーチ」（久野静夫作詞，黒澤吉徳編曲）は，A(a a')-B(b b')の二部形式で構成されています。旋律は，4分音符（4分休符）と2分音符のみの組合せによるリズムパターンを用いているため，拍を聴き取って演奏することが容易です。また，旋律の反復部分が多く，構成音はド～ソの5音なので，鍵盤ハーモニカを学び始めた児童にも無理なく演奏ができます。

　さらに，歌や鍵盤ハーモニカの主旋律に打楽器を重ねて，合奏を楽しむことができます。演奏の仕方を工夫することによって楽器の音色が変わることに気付いたり，児童が感じ取った曲想をもとにしながら，思いをもって演奏したりすることに適した教材と言えます。

❷ 「音を合わせて演奏する」学習の位置付け

　器楽の「音を合わせて演奏する」活動は，ウ(ウ)「互いの楽器の音や伴奏を聴いて，音を合わせて演奏する技能」が示されています。この事項では，音を聴き合いながら自分の演奏を全体の中で調和させて演奏することが求められています。したがって，音程やリズムに気を付けて，拍を意識して演奏できるよう指導を工夫し，友達の音を聴きながら合わせて演奏したり，伴奏を聴きながら演奏したりして，音を合わせる楽しさを感じ取らせるようにすることが大切です。

3 主体的・対話的で深い学びの視点による題材構成のポイント

❶ 歌唱の活動を通して児童の想像力を膨らませ，器楽の表現につなげる

　低学年の歌詞のある曲を器楽で扱う場合，器楽に入る前に歌う活動を大切に扱います。歌詞の様子を思い浮かべ，遊びの要素を入れながら気持ちをのせて歌を歌うことで，児童の中に曲のイメージがつくられます。楽器で旋律を演奏したり，打楽器を重ねたりするときにも，歌ったときのイメージを膨らませながら活動をするようにします。楽器の音が，歌詞に合った音色や表情になるよう工夫して演奏することを通して，自分なりの思いを大切にしながら音楽表現を楽しむ主体的な学びを実現することができます。

❷ 譜読みの活動の中で，気付いたことや感じ取ったことを共有する場面を設定する

　器楽の活動において譜読みは大切です。音楽の特徴に気付いていくことにつながるからです。リズム唱やリズム打ち，階名唱を教師が模範で示し，全体やグループ，個別など様々な学習形態や，遊びの要素を入れて楽しみながら身に付けていけるようにします。その際，譜読みの中で，気付いたことや感じ取ったことを子供同士で共有する対話的な学びの場面を設定します。本題材では，活動の中で生まれる児童の発言やつぶやきを取り上げ，その中から音楽を形づくっている要素や表現の工夫につながるものを全体で共有して価値付けていきました。児童の気付きや教師の価値付けは，器楽の音楽表現を高めるために必要不可欠なものです。

❸ 思いをもった表現の工夫で技能を高め，聴き合いで楽しさの質を高める

　曲想と歌詞の表す情景や気持ちとの関わりに気付いたり，譜読みを通して音楽の仕組みが分かったりすると，楽器で演奏するときにも演奏の仕方を工夫しようとする姿が見られるようになります。合奏で自分の思いを表現するためには，互いの楽器の音や伴奏を聴いて，音を合わせて演奏することが必要です。友達の音や伴奏を聴きながら演奏する中で，「このように表したい」という自分と友達の思いを重ねた器楽表現の楽しさを味わい，質の高い深い学びにつなげていくことができます。

4 題材の評価規準

知識・技能	思考・判断・表現	主体的に学習に取り組む態度
知「こいぬのマーチ」の曲想と，音楽の構造や歌詞の表す情景との関わりについて気付いている。 技①　リズム譜を見て階名唱などを生かして演奏する技能，音色に気を付けて楽器を演奏する技能を身に付けて演奏している。 技②　互いの楽器の音や伴奏を聴いて，音を合わせて演奏する技能を身に付けて演奏している。	思　音色，旋律，反復，変化を聴き取り，それらの働きが生み出すよさや面白さ，美しさを感じ取りながら，聴き取ったことと感じ取ったこととの関わりについて考え，曲想を感じ取って表現を工夫し，どのように演奏するかについて思いをもっている。	態　曲の特徴や音を合わせて合奏する学習に興味をもち，互いの楽器の音や伴奏を聴いて，音を合わせて演奏する活動を楽しみながら主体的・協働的に器楽の学習活動に取り組もうとしている。

5 指導と評価の計画（全４時間）

次	○学習内容	指導上の留意事項	評価規準
第一次（第1時）	ねらい：「こいぬのマーチ」の曲想と音楽の構造や歌詞との関わりに関心をもって，歌ったり鍵盤ハーモニカを演奏したりする。		
	○歌詞を朗読する。 ○範唱を聴いて，曲の雰囲気を捉えながら，歌詞唱する。 ○階名唱や指番号唱をする。 ○鍵盤ハーモニカの範奏を聴く。	・拡大歌詞を用意し，全体や個人で朗読して，様子や気持ちが思い浮かべられるようにする。 ・曲の気分を感じ取り，動作を入れて，歌詞に合った歌い方で歌詞唱できるようにする。 ・階名を書き加えた拡大リズム譜を用意し，リレー唱をして暗譜できるようにする。 ・歌うように演奏することの大切さに気付かせる。	
（第2時）	○鍵盤ハーモニカで演奏する。 ○伴奏に合わせて鍵盤ハーモニカを演奏する。 ○器楽合奏の範奏を聴いて，演奏の楽しさを感じ取る。	・隣の友達と交互に演奏し，正しいリズムや指番号で弾いているかを見て，お互いに確認し合うようにする。 ・拍にのって，歌詞の様子や気持ちに合った音色で演奏するように声かけをする。 ・児童が器楽演奏に興味をもち，次時への期待をもって授業を終えられるようにする。	技①
第二次（第3時）	ねらい：「こいぬのマーチ」の楽器による表現を工夫し，打楽器を重ねて演奏しながら，互いの楽器の音や伴奏を聴いて，音を合わせて演奏する活動を楽しむ。		
	○器楽合奏による範奏を聴き，重ねている打楽器を捉える。 ○打楽器パートをリズム唱やリズム打ちし，打楽器で演奏する。 ○拍打ちや伴奏に合わせて，歌と打楽器を重ねて演奏する。 ○２グループごとに，鍵盤ハーモニカと打楽器の合奏をする。	・重ねている打楽器が確認できたら，教師が重ねて範奏し，活動の見通しがもてるようにする。 ・楽器ごとの拡大リズム譜を用意し，重なり方が捉えられるようにする。 ・曲想に合った演奏になっているか，お互いに聴き合って，発言できるようにする。 ・学級を２グループに分け，互いの演奏を聴き合い，気が付いたことを伝え合う。	知
（第4時）	○前時の学習を振り返り，各パートの復習をする。 ○学級を四つのグループに分け，鍵盤ハーモニカと打楽器による合奏の発表会をする。 ○各グループのよい点について伝え合う。	・鍵盤ハーモニカと打楽器を演奏する注意点を確認し，１パートずつ演奏をする。 ・鍵盤ハーモニカ…歌うように演奏〔旋律〕 ・打楽器…正しいリズムで歌に合う音〔音色〕 ⇒ p.69❸参照 ・合奏するために大切なことを確認して，グループ合奏を行う。 ・児童の気付きや思いを拾い上げ，グループの友達と共有できるように支援し，他のグループに伝えられるようにする。 ・自分や友達が担当している楽器の役割を意識し，音を合わせて楽しく合奏できたかについての振り返りができるようにする。	思 技② 態

6 本時の流れ（3／4時間）

○学習内容　・学習活動	教師の主な発問と子供の状況例	評価規準と評価方法
ねらい：「こいぬのマーチ」の楽器による表現を工夫し，打楽器を重ねて演奏しながら，互いの楽器の音や伴奏を聴いて，音を合わせて演奏する活動を楽しむ。		
○器楽合奏による範奏を聴き，重ねられている打楽器を捉える。 ・範奏ＣＤによる合奏を聴く。 ・主旋律の鍵盤ハーモニカ以外の楽器の音色に注目する。	「合奏を聴いて，鍵盤ハーモニカのほかにどんな楽器が聴こえてきたか，発表してください」 ・鍵盤ハーモニカのほかに二つの楽器の音が重なっています。（カスタネット，タンブリン） ・後半から楽器がかわりました。（トライアングル，鈴）	
「こいぬのマーチ」のうたやけんばんハーモニカに，だがっきをあわせてたのしもう。		
○歌と打楽器の重ね方を確かめる。 ・児童が旋律を歌い，教師が打楽器を１パートずつ重ねる。 ○打楽器パートをリズム唱やリズム打ちしたのちに，本物の打楽器でリズム奏する。 ・カスタネット，タンブリン，鈴，トライアングルの順にリズム唱やリズム打ちをしながら，音楽の構造について気付く。 ・隣の友達と向き合い，一人ずつ交代で，各楽器でリズム打ちをする。 ○拍打ちや伴奏に合わせて，歌と打楽器を重ねて演奏する。 ・歌と楽器と聞き役の三つのグループを順に交代し，歌と楽器を合わせるためには，互いに聴き合うことや伴奏に合わせて演奏することに気付く。 ○半数ずつ，鍵盤ハーモニカと打楽器の合奏をする。 ・学級の半数ずつで合奏をする。 ・お互いに聴き合って，気が付いたことを伝え合う。	「みんなの歌に合わせて，先生が打楽器を重ねます。楽器のリズムは，歌のリズムと同じですか」 ・違うところと同じところがあります。 ・鈴は，歌のリズムと似ています。 「リズム唱やリズム奏をして，気が付いたことを教えてください」 ・タンブリンは，カスタネットと同じリズムになっています。 ・「よちよち子犬」だから，タンブリンは，少し弱く打つほうがいいね。 ・トライアングルは，かわいい感じになるように打って，のばす長さを数えるとうまくいくね。 「歌と打楽器が上手に合うためには，どうすればいいですか」 ・〈うん〉を忘れずに数えて合わせるといいです。 ・打楽器の人は，歌に合わせるといいです。 ・伴奏をよく聴いて，歌と楽器が一緒になれば，上手に合います。 「鍵盤ハーモニカと打楽器を合わせます。聴き合いをするので，気が付いたことを教えてね」 ・子犬が甘えたりじゃれたりしている様子だから，鍵盤ハーモニカの音をもう少し優しい感じにした方がいいです。	知 発言 観察

7 授業づくりのポイント

❶ 遊びを通して児童の思いを膨らませ，器楽の活動につなげる

1年生の学習は，遊びの要素を取り入れることで，活動をより楽しんで行うことができます。例えば，身振りを付けながら歌詞の朗読をすると，歌詞の表す情景や場面をより強く感じ取り，それを自分の思いとして歌で表現しようとします。また，「こいぬ役」と「ぼく役」に分かれて2小節ごとに向き合って交互唱をしたり，旋律の前半あと後半いを分担して歌うのをお互いに聴き合ったりすると，旋律の反復や変化を生かした表現の工夫につなげることができます。

このような遊びを通して表された，児童のつぶやきや発言を価値付けて板書したり，拡大歌詞に書き加えたりして共有していくことができれば，児童の思いを残しておくことができ，器楽の活動につなげることができます。

❷ 常時活動を大切に，支援を要する児童にも配慮して，聴奏や視奏の技能を育てる

低学年の器楽教材は，既習の歌唱教材や，主旋律に簡単なリズム伴奏や低声部を加えた曲を取り扱うことになっています。リズム感を育てるには，「まねっこ・リレー・呼びかけとこたえ」を取り入れたリズム遊びを行ったり，常時活動で聴奏や視奏を行ったりして，リズム唱やリズム打ちに慣れておくことが大切です。また，簡単な旋律を階名唱するなどして，音程感を育てておくことが求められます。日常よく耳にする簡単な旋律を，部分的にリズム打ちしたり鍵盤ハーモニカで演奏したりすることも考えられます。児童の実態を踏まえて，段階的に活動計画を立てましょう。模唱することに十分に慣れてから，リズム譜と並列して歌詞や階名を掲示して視奏したり，少しずつ楽器を増やしたりすると，誰もが安心して楽しく活動できるようになります。その際，一定の速度を保ち，拍にのることがとても重要で，そのことが「音を合わせて演奏すること」の基礎となります。

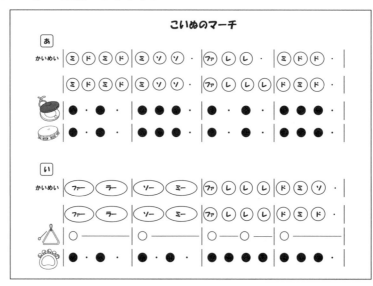

❸ **互いに学び合えるグループ活動にするための工夫をする**

　器楽合奏の学習のまとめを発表会形式で行うときは，グループ活動の前にそれまでの学習内容の振り返りが必要です。その上で，グループ活動の手順や活動のめあてを確認するようにしましょう。「こいぬのマーチ」では，次のようなことが考えられます。

○鍵盤ハーモニカと打楽器を演奏するときの注意点を思い出し，1パートずつ演奏する

　「この歌はどんなようすを表しているのかな。歌の中の『ぼく』はどう思っているのかな。鍵盤ハーモニカの人は，音をよく聴きながら歌うように演奏するといいね」（旋律）

　「打楽器はリズムが決まっていたね。同じリズムの人とぴったり合わせよう」（リズム）

　「打楽器の人は，歌のことばやようすに合った音色になっているか考えて打ちましょう。鍵盤ハーモニカや伴奏をよく聴きながら，合わせて演奏するといいね」（音色）

○活動のめあての板書例

① こいぬのようすを、おもいうかべよう。

② がっきのやくわりを、かんがえよう。

③ ともだちのがっきやばんそうを、よくききながらえんそうしよう。

④ おとをあわせて、たのしくがっそうしよう。

❹ **曲想を感じ取って表現を工夫するために，教師が価値付けて共有する場を設定する**

　第3時の発表会前のグループ活動の様子です。

　Aグループは，表現の工夫の中で，「子犬は『よちよち』歩いて，ぼくを『ぺろぺろ』なめているから，タンブリンとカスタネットは，どちらもそうっと優しくたたいたほうがいいね」と発言する児童がいました。

　Bグループは，「『かわいい』のところは，気持ちを込めて言うときみたいに，旋律がお山の形になっている」と歌詞内容と旋律の関わりに気付く児童がいました。「だから，『かわいい』の歌に重ねるトライアングルは，いい音で響かせよう」といいながら，友達と一緒に打ち方を工夫していました。

　Cグループは，「同じパターンが2回あるから，2回目は少し強くしよう」と繰り返しによる気持ちの高まりを強弱の違いで表そうとしていました。

　Dグループは，「主役の鍵盤ハーモニカを聴かずに，打楽器が急いで速くなっていたから，合わなくなったと思う」と，聴き合って演奏する大切さに気が付きました。

　グループ活動の中での子供同士の学び合いから，「このように表したい」という思いを教師が拾い上げて価値付け，表現の工夫に生かしたことで児童の思考が働き，深い学びとなりました。その結果として，以前よりも高い技能を身に付けることにもつながりました。

　自分と友達の思いを重ねた一体感のある合奏ができたとき，児童から「みんなと一緒に気持ちを合わせて演奏したら，一人だけよりも何倍も楽しかった」という感想が生まれました。

（天野　結美）

9 小ぎつねの ようすを 思いうかべよう

学年・活動 第2学年・器楽（歌唱） **主な教材** 「小ぎつね」

本題材で扱う学習指導要領の内容

2内容　A表現　(1)歌唱ア，イ，ウ(イ)，(2)器楽ア，イ(イ)，ウ(イ)(ウ)〔共通事項〕(1)ア
思考・判断のよりどころとなる主な音楽を形づくっている要素：リズム，調，フレーズ，音楽の縦と横との関係

1 題材の目標

○「小ぎつね」の曲想と音楽の構造，曲想と歌詞の表す情景や気持ちとの関わりについて気付くとともに，思いに合った表現に必要な技能を身に付ける。

○リズム，調，フレーズ，音楽の縦と横との関係などを聴き取り，それらの働きが生み出すよさや面白さ，美しさを感じ取りながら，聴き取ったことと感じ取ったこととの関わりについて考え，曲想を感じ取って表現を工夫し，どのように歌ったり楽器を演奏したりするかについて思いをもつ。

○いろいろな表現で演奏することに興味をもち，音楽活動を楽しみながら主体的・協働的に歌唱や器楽の学習活動に取り組む。

2 題材の特徴と学習指導要領との関連

❶ 歌詞の内容から想像したことを伝え合い，共感し合う活動

　学習指導要領では，音や音楽及び言葉によるコミュニケーションを図り，音楽科の特質に応じた言語活動を適切に位置付けた指導を工夫することが示されています。「小ぎつね」（勝承夫訳詞，ドイツ民謡）は，歌詞から場面の情景や小ぎつねの気持ちを想像し，感じ取ったことや想像したことを伝え合い，共感し合う学習を進めるのに適した教材といえます。

　指導に当たっては，歌う・演奏する→意見を交流する→歌う・演奏する→意見を交流する…のように，音楽活動と言語活動の往還を活性化させ，言葉によるコミュニケーションが音や音楽によるコミュニケーションの充実につながるように配慮していきます。

❷ 階名唱や鍵盤楽器の演奏に適した旋律の特徴

　「ドレミファソ・ソ〜」と順次進行している歌い出しの旋律は，覚えやすく階名唱に適しています。また，3，4小節目の「ラファドラソ」以外の部分は，鍵盤楽器でドからソまでポジションを変えずに演奏ができる上，親指がドからファに移動する3，4小節目も手のポジション移動の導入段階として適しています。演奏することが容易な分，自分たちの歌声や演奏を聴き，言葉によるコミュニケーションを図りながら，豊かな音楽表現に結び付けるようにします。

3 主体的・対話的で深い学びの視点による題材構成のポイント

❶ 歌詞の表す情景や主人公の心情を自由に思い浮かべながら，「歌や楽器で表現したい」という主体性や，対話を通した表現の工夫を重視する

　低学年は，歌を通して温かい心やしなやかな感性を育むまたとない機会といえます。この「小ぎつね」は，歌詞の言葉や教科書のイラスト等から，四季折々の山の情景を自由に想像したり，主人公の小ぎつねの心情に寄り添ったりして，音楽活動における主体性や感受性を育む絶好の教材といえます。

　指導に当たっては，歌や楽器によって主体的に表現を工夫しようとする個々の行動や態度を注視しつつ，教師と児童，児童同士の対話を通して，音楽的な見方・考え方を働かせて学級全体の表現の工夫を練り上げていくプロセスが大切です。挙手による発言のみならず，「つぶやき」も上手に取り上げながら，表現の工夫に生かしていくようにしましょう。

❷ 「歌唱」と「器楽」の両方から表現の工夫を考え，深い学びの礎をつくる

　本教材は，「歌唱」と「器楽」の両方の学習で歌詞の表す様子を思い浮かべながら，音楽表現を工夫する活動を行うことができます。歌唱では1番，2番，3番と変化する小ぎつねの気持ちを声色の違いで表現したり，器楽では，曲想に合わせて音色や強弱，速度を変化させたりするなど，様々な表現の工夫の仕方が考えられます。このような音楽表現の工夫は，教師や友達などとの対話的な学びの経験を通して，活用できる資質・能力として徐々に蓄えられ，新たな表現の工夫に活用されるといった，深い学びへと結び付いていきます。

4 題材の評価規準

知識・技能	思考・判断・表現	主体的に学習に取り組む態度
知　曲想と音楽の構造，曲想と歌詞の表す情景や気持ちとの関わりについて気付いている。(歌唱) 技①　歌声及び発音に気を付けて歌う技能を身に付けて歌っている。(歌唱) 技②　音色やリズムに気を付けて演奏したり，互いの楽器の音や伴奏を聴いて，音を合わせて演奏する技能を身に付けて，鍵盤ハーモニカを演奏している。(器楽)	思①　速度，旋律，強弱，反復などを聴き取り，それらの働きが生み出すよさや面白さ，美しさを感じ取りながら，聴き取ったことと感じ取ったこととの関わりについて考え，曲想を感じ取って表現を工夫し，どのように歌うかについて思いをもっている。(歌唱) 思②　リズム，調，フレーズ，音楽の縦と横との関係などを聴き取り，それらの働きが生み出すよさや面白さを感じ取りながら，聴き取ったことと感じ取ったこととの関わりについて考え，どのように演奏するかについて思いをもっている。(器楽)	態　いろいろな表現で演奏することに興味をもち，音楽活動を楽しみながら主体的・協働的に歌唱や器楽の学習活動に取り組もうとしている。(歌唱，器楽)

5 指導と評価の計画（全3時間）

次	○学習内容	指導上の留意事項	評価規準
第一次（第1時）	**ねらい：歌詞の表す内容や情景を想像し，曲想を感じ取って歌い方を工夫する。**		
	○歌詞の表す情景や小ぎつねの気持ちを想像しながら，範唱を聴く。 ○想像したことを思い浮かべながら歌詞唱する。 ○歌詞の内容に即した歌い方で歌う。 ○歌詞の内容に合わせて，速度や強弱を工夫して歌う。	・歌詞を音読したり，教科書の挿絵を見たりして，山の景色や小ぎつねの様子を想像するように声かけをする。 ・1〜3番の季節の変化と，小ぎつねの気持ちとの関連性について考えるように促す。 ・「ウキウキした感じ」や「つまらない感じ」をどのように歌で表現できるかを話合いの中から見いだせるようにする。 ・1〜3番の歌詞の表す様子に合わせて，速度や強弱を工夫したり，旋律が反復する部分では，繰り返しの前後で強弱を変化させて山びこのような表現を楽しんだりする。	知 思① 技①
第二次（第2時）	**ねらい：曲の特徴に合った表現の仕方を工夫して，いろいろな「小ぎつね」を演奏する。**		
	○階名唱に慣れる。 ○演奏の仕方に気を付けながら鍵盤楽器で旋律を演奏する。 ○旋律の反復やフレーズを意識し，音を聴きながら鍵盤楽器で演奏する。	・教科書の絵等を参考に運指や手のポジションを確認し，旋律の反復や同じ音が続く部分の演奏の仕方に気を付ける。 ・初めはゆっくりと練習し，徐々に歌唱と同じ速さで演奏できるようにする。 ・歌詞を思い浮かべて演奏するよう助言する。	
（第3時）	○「弟（妹）ぎつね」の副次的な旋律と合わせて演奏し，旋律の重なりの面白さを楽しむ。 ○「スキップ小ぎつね」「落ちこみ小ぎつね」を，元の旋律との違いを考え，表現の仕方を工夫しながら演奏する。 ○「スキップ小ぎつね」や「落ちこみ小ぎつね」の旋律は何番の歌詞の内容にふさわしいかをグループで話し合い，演奏を発表し合う。	・音が重なり合う部分や，副次的な旋律になる部分があることに気付くようにする。 ・二つの声部の音量のバランスやタイミングに気を付けて合わせるように助言する。	技② 思② 態

6 本時の流れ（3／3時間）

○学習内容　・学習活動	教師の主な発問と子供の状況例	評価規準と評価方法
ねらい：曲の特徴に合った表現の仕方を工夫して，いろいろな「小ぎつね」を演奏する。		
○前時を想起して，鍵盤楽器で旋律を演奏する。 ・手のひらを下に向け，音の高さを表しながら階名唱をする。 ・旋律の反復や同じ音の繰り返しに気を付け，鍵盤楽器で演奏する。 ○「弟（妹）ぎつね」の副次的な旋律と合わせて演奏し，旋律の重なりの面白さを楽しむ。 ・「弟（妹）ぎつね」の旋律を演奏する。 ・元の旋律と合わせて演奏するとどうなるかを予想し，話し合う。 ・元の旋律と合わせて演奏してみて，気が付いたことを話し合う。 ○「スキップ小ぎつね」「落ちこみ小ぎつね」を，元の旋律との違いを考え，表現の仕方を工夫しながら演奏する。 ・シンコペーションに気を付けて運指をしながら「スキップ小ぎつね」を演奏する。 ・「ミ♭」と「ラ♭」の黒鍵の位置に気を付けながら，「落ちこみ小ぎつね」を演奏する。 ○「スキップ小ぎつね」や「落ちこみ小ぎつね」の旋律は何番の歌詞の内容にふさわしいかをグループで話し合い，演奏を発表し合う。 ・グループごとに各旋律の特徴と何番にふさわしいかを話し合う。 ・各旋律をどのように並べたのか理由を説明し，演奏を発表し合う。	「小ぎつねの旋律を思い出して鍵盤ハーモニカで弾いてみよう！」 ・音が順番に昇ったり降りたりするところとジャンプするところがあるね。 ・同じ音のときは，鍵盤を押したまま，口でタンギングするといいんだね。 「弟（妹）ぎつねの旋律を演奏してみよう！」 ・お兄ちゃんの旋律より簡単だ。右手だけで演奏できるよ！ 「お兄ちゃんの旋律と一緒に演奏するとどうなるかな？」 ・後半は全然違うことをやっているから合わないんじゃないかな？ ・最後の「ド」の音が揃って終わったね。 「これから小ぎつねを演奏します。同じ旋律なんだけど，何かが違うよ。聴いてごらん！」 「どうすれば元の演奏と違いが出るのかな」 ・小ぎつねが飛び跳ねているみたいだよ。 ・何だかうれしそうに聴こえるね！ ・はずんだ感じで，切って演奏するといいね。 ・ミとラを黒い鍵盤で弾いただけなのに，暗い感じになっちゃったよ。 ・音をつなげて滑らかに演奏するといいね。 「元の旋律，スキップ小ぎつね，落ちこみ小ぎつねを1～3番のどれかで演奏すると，どういう順番にしたらいいかな？」 ・1番は秋の山で楽しそうだから，「スキップ小ぎつね」がいいね。 ・「落ちこみ小ぎつね」は悲しい感じだから2番か3番だね。 ・3番は冬なのかな？　春なのかな？　春だったら，元の旋律の方がいいね。	技② 観察 思② 演奏 発言 観察 態 観察

7 授業づくりのポイント

❶「弟（妹）ぎつね」の旋律を重ねて楽しく表現する

「実はね，この小ぎつねには弟（妹）がいるんだよ。教科書に映っているから，どのきつねか探してごらん…」

このような奇想天外な発問は，後半の活動を活性化させる重要な切り返しとなります。さらに「この歌には小ぎつねの弟（妹）の歌もあるんだよ…」と続け，下の楽譜を歌ってみせます。

※「小ぎつねの弟（妹）」の旋律：後半は「コン！」と鳴く部分だよ，と伝えることで，音が
　4分音符以上に延びることを防げます。

このパートは，主旋律と合わせて歌う・演奏することで，前半は主旋律に響きをつける旋律に，そして後半部分はごく簡単な副次的な旋律となりますが，初め児童にはそのことを伝えず，独立した旋律として練習します。

「弟（妹）は小さいので，まだ言葉がうまく喋れず，後半は"コンッ"しか言えません…」「小さい子の歌ですから，鍵盤楽器で弾くのも簡単です」…そんな説明をして，鍵盤楽器でも旋律を演奏してみるのですが，鍵盤上の手の移動がないので，「本当だ！　こちらの歌の方が簡単に演奏できるよ！」と言う声が児童から聞こえてくるはずです。

最後に演奏に慣れてきたら，「お兄さんの歌と，一緒に合わせて演奏してみようか。どんな音になるかな？」と問いかけ，二つの声部が重なった響きを自由に想像させます。実際に合わせて演奏する中で，前半の部分の「やまのなか」の部分が重なり合ってきれいに響いたり，後半の主旋律と副次的な旋律の最後の「ド」の音がピタッと揃って終わったりすることに気付いた児童からは，大きな歓声が上がります。

❷ 簡単なバリエーション（変奏）を加えて，さらに歌詞の内容を意識した表現にする

　主旋律と副次的な旋律の演奏が一通りできるようになったら，最後にそれぞれの旋律を，①付点8分音符と16分音符のシンコペーションのリズム，②短調に変えて歌ったり，演奏したりしてみます（譜例は旋律の伴奏例）。

①付点8分音符と16分音符のシンコペーション：「スキップ小ぎつね」

②短調：「落ちこみ小ぎつね」

　①の付点8分音符と16分音符のシンコペーションのリズムは，スキップするような楽しい様子を表現するのに適したリズムであると同時に，各指の動きを独立させる訓練としても効果的です。また，②については，この曲の場合「ミ」と「ラ」の音を半音下げて黒鍵で弾くだけでできるので，容易に短調に変えて演奏することができます。

　二つのバリエーションが演奏できるようになったら，オリジナルの旋律と合わせ，それぞれが何番の歌詞の内容にふさわしい表現かをグループや学級全体で考えるようにします。歌詞の言葉や，挿絵の小ぎつねの表情などを参考にするように話すと，次のような児童の言葉が聞こえてくるはずです。

「①のはずんだリズムは，小ぎつねのウキウキした様子を表しているから，1番じゃないかな」
「②の音の感じは，冬の山で何もできなくて困っている感じだから，2番かな」
「せまい穴の中でずっとじっとしていてつまらないから，②は3番の方がいいんじゃない？」

　これらの児童の発言をうまく整理しながら，グループや学級全体で演奏の順序を考え，曲想や歌詞の内容に合った演奏表現を楽しみます。この他にも，「旋律をオクターブ上げて，お兄さんのまねができるようになった弟（妹）ぎつねの様子を表現する」や「3拍子のワルツのリズムに変えて，小ぎつねが踊りながら秋を楽しんでいる様子を表す」といったアレンジが可能です。

（小梨　貴弘）

10 ようすを 思いうかべて えんそうしよう

本題材で扱う学習指導要領の内容

2内容　A表現　(1)歌唱ア，イ，ウ(ア)，(2)器楽ア，イ(ア)，ウ(ア)(イ)　〔共通事項〕(1)ア
思考・判断のよりどころとなる主な音楽を形づくっている要素：リズム，旋律，拍（3拍子）

1 題材の目標

○「かっこう」の曲想と音楽の構造，曲想と歌詞の表す情景や気持ちとの関わりについて気付くとともに，思いに合った表現をするために必要な技能を身に付ける。

○「かっこう」のリズム，旋律，拍（3拍子）を聴き取り，それらの働きが生み出すよさや面白さ，美しさを感じ取りながら，聴き取ったことと感じ取ったこととの関わりについて考え，曲想に合った表現を工夫し，どのように歌ったり演奏したりするかについて思いをもつ。

○「かっこう」の曲の特徴などに興味をもち，音楽活動を楽しみながら主体的・協働的に歌唱や器楽の学習活動に取り組み，鍵盤楽器に親しむ。

2 題材の特徴と学習指導要領との関連

❶ 本題材で扱う教材「かっこう」の特徴

「かっこう」（小林純一訳詞，ドイツ民謡）は，かっこうの鳴き声を模した冒頭の2小節が印象的な，aba'の三部形式の曲です。冒頭4小節（a）と最後の4小節（a'）のリズムが異なり，のびやかに曲をまとめているだけでなく，4小節ごとに，それぞれ違うリズムで構成され，いろいろなリズムが生み出す3拍子の表情を感じ取ることができます。ド〜ソの隣り合った5音で旋律が構成されていることに加え，リズムも4分音符，2分音符，4分休符だけでつくられていることから，絵譜を見て階名唱や階名暗唱をしたり，鍵盤楽器で演奏したりすることに適した教材といえます。本題材では，器楽を中心に，歌唱と器楽を統合的に扱います。

❷ 「思いに合った表現をするために必要な技能」の位置付け

学習指導要領では，思いに合った表現するため必要な技能の一つとして，器楽では「範奏を聴いたり，リズム譜などを見たりして演奏する技能」を身に付けることが示されています。「など」には，絵譜も入ります。視奏の基礎となる力を養い，中学年からのハ長調の視奏につなげるために，本題材では，リズム譜を見ながらリズム打ちしたり，絵譜を見ながら階名唱したりする学習をていねいに扱っています。

3 主体的・対話的で深い学びの視点による題材構成のポイント

❶ 感じ方の多様性を認め合える雰囲気づくりをする

　児童が主体的に音楽活動に取り組めるようにするために，教師も児童と一緒に音楽に合わせて，自由に体を動かしたり，リズム打ちしたりしながら，感じ方の多様性を認めることができる雰囲気をつくります。友達を見ながら聴いたり，拍子に合わせた動きをしたり，リズムの違いを感じたりしている児童を取り上げ，価値付ける中で，自由に感じることのよさを実感させます。自分の思いに自信をもったり，友達の思いに気付いて自分の表現に取り入れたりすることが，主体的な学びにつながります。

❷ 想像したことを言語化，動作化し共有する場を設定する

　活動を通して，想像したことや感じたことを共有できる場を設定します。低学年の児童は，歌詞に登場する人物や動物になりきって表現する傾向があります。「かっこうはどこで鳴いているのかな」「かっこうの鳴き声は誰が聴いているのかな」と投げかけ，かっこうになりきって想像させ，言語化，動作化し，全体で共有します。共有したことは，その都度，拡大歌詞に書き込み，積み重ねていきます。このような支援が，対話的な学びを充実させ，どのように演奏するかについて，児童一人一人が思いをもつことにつながります。

❸ 表現の工夫をする中で，知識や技能を習得する

　本題材で展開される手遊び，歌詞唱，階名唱，器楽演奏の様々な学習活動の中で，表現の工夫をする場を設定していきます。教師や友達の演奏を聴いて気付いたり，自分一人で，グループでいろいろ試したりする活動の過程で，児童がこれまで習得した知識や技能を活用し，さらに新たな知識や技能の習得をしていくという，学びの深まりが期待されます。

4 題材の評価規準

知識・技能	思考・判断・表現	主体的に学習に取り組む態度
知 曲想と音楽の構造などとの関わりについて気付いている。（歌唱・器楽） 技① 絵譜を見て階名唱をしたり演奏したりする技能を身に付けて歌ったり演奏したりしている。（歌唱，器楽） 技② 音色に気を付けて演奏する技能を身に付けて鍵盤楽器，旋律楽器を演奏している。（器楽）	思 リズム，旋律，拍を聴き取り，それらが生み出すよさや面白さ，美しさを感じ取りながら，聴き取ったことと感じ取ったこととの関わりについて考え，どのように演奏するかについて思いをもっている。（器楽）	態 「かっこう」の曲の特徴などに興味をもち，音楽活動を楽しみながら，主体的・協働的に歌唱や器楽の学習活動に取り組もうとしている。（歌唱・器楽）

5 指導と評価の計画（全4時間）

次	○学習内容	指導上の留意事項	評価規準
第一次（第1時）	**ねらい：**「かっこう」の曲想と音楽の構造などの関わりについて気付き，3拍子のまとまりやリズムの特徴を感じ取る。		
	○範唱を聴き，曲の雰囲気や拍子，フレーズごとのリズムの違いに気付く。 ○3拍子に合う手遊びをつくり，音楽に合わせて手遊びをする。	・かっこうの写真やかっこうの鳴き声を聴かせてから範唱を聴くようにし，イメージをもちやすくする。 ・拡大絵譜を掲示し，視覚的にも捉えられるようにする。 ・音楽に合わせて，体を動かしたり，リズム打ちしたりしながら，3拍子の特徴を感じ取れるようにする。	
第二次（第2時）	**ねらい：**「かっこう」の曲想を感じ取って表現を工夫し，どのように演奏するかについて思いをもって，歌唱したり鍵盤楽器で演奏したりする。		
	○歌詞を音読し，曲想と歌詞の表す情景や気持ちとの関わりについて気付く。 ○曲の特徴への気付きを深めながら，曲に合った歌詞唱や階名唱する。 ○鍵盤ハーモニカで演奏する。	・縦書きの拡大歌詞に気付いたことを吹き出しで記入し，全体で共有できるようにする。 ・曲の雰囲気や表情と，音楽的な特徴や歌詞の表す様子などとの関わりに目を向けるようにする。 ・階名唱や暗唱ができるようにしてから，鍵盤ハーモニカの息づかいやタンギング，指づかいを確認し，小節やフレーズに分け，拍に合わせて演奏できるようにする。	知 技①
（第3時）	○どのように演奏したいかについて思いをもつ。 ○グループに分かれ，どのように演奏したいかという自分の思いを伝え，演奏を発表する。 ○友達の思いを生かすために，演奏の仕方を試したり，話し合ったりする。	・歌詞唱や階名唱で感じ取ったことを基に，どのように演奏したいかについて，いろいろと試しながら，思いがもてるようにする。 ・表したい思いを言葉で伝えた後，演奏を発表するようにする。 ・友達の演奏のよさを伝え合うようにする。 ・友達の意見や演奏のよい所，納得できる表現の工夫を自分の演奏に取り入れるようにする。	思
（第4時）	○グループに分かれ，表現を工夫し，どのように演奏するかについて，思いをもって表現する。 ○グループごとに，発表する。	・歌と楽器の組み合わせ方や演奏の仕方を試しながら思いをもち，グループで共有する。 ・思いを表現で演奏できるように練習する。 ・互いのよさを認め合えるようにする。	技② 態

6 本時の流れ（3／4時間）

○学習内容　・学習活動	教師の主な発問と子供の状況例	評価規準と評価方法
ねらい：「かっこう」の曲想を感じ取って表現を工夫し，どのように演奏するかについて思いをもって，鍵盤楽器で演奏する。		
○曲想を感じ取って歌詞唱する。 ・前時で使用した拡大歌詞の吹き出しや，共有したことを思い出しながら歌詞唱する。 ○曲想を感じ取って，歌詞唱したときと同じように階名唱する。 ・絵譜を見ながら，階名唱する。 ○鍵盤ハーモニカによる範奏を聴く。 ・気付いたことや感じたことを発表する。	「かっこうの様子や気持ちに合うように歌いましょう」 ・3段目はかっこうのお母さんになったつもりでのびのび，やさしく歌おう。 「歌詞で歌っているときと同じように，様子や気持ちに合うように階名唱しましょう」 「演奏している楽器が分かりますか。どんなことを感じましたか」 ・鍵盤ハーモニカだよ。すぐに分かったよ。 ・音色がとてもきれいだね。 ・歌詞がなくても鍵盤ハーモニカの音だけで「かっこう」のやさしい雰囲気が伝わってくるね。	
○鍵盤ハーモニカで表現を工夫し，どのように演奏したいかについて思いをもつ。 ・いろいろと演奏の仕方を試しながら思いをもつ。 ○グループに分かれ，どのように演奏したいかという自分の思いを伝え，演奏を発表する。 ・演奏を聴いた後，友達の演奏のよさを伝える。 ○友達の思いを生かすために，演奏の仕方を試したり，話し合ったりする。 ・友達の意見や演奏のよいところ，納得できる表現の工夫を自分の演奏に取り入れて演奏する。 ○どのように演奏したいかについて，試したことや，取り入れたことをワークシートに記入する。	「どのように演奏したいか，いろいろと試してみましょう」 ・「しずかに」の歌詞に合うように，息を弱めてみたよ。 「どのように演奏したいか，自分の思いを伝えてから，友達に演奏を聴いてもらいましょう」 ・2小節目のソミを弱く演奏しているから，静かな森の様子が伝わってきていいね。 「友達の思いをもっと生かすためにいろいろ試したり，考えたりしてみましょう」 ・やさしい感じは，ゆっくり息を吹き込むといいよ。 ・「しずかに」の歌詞に合うように，息を弱めてみたよ。	思 発言 観察 ワークシート

7 授業づくりのポイント

❶ 3拍子の拍感を感じ取れる遊びを活用する

　低学年の児童は「遊び」というだけで興味を示し，意欲や集中力が高まります。そこで，拍や拍子の違いを聴き取ることができるように，遊びの要素を取り入れます。まず，音楽に合わせ，自由に体を動かしたり，リズムを打ったりする活動をします。次に，体全体で3拍子を捉えられるようになってきたら，3拍子に合う手遊びを考えさせます。1拍目が膝，2，3拍目が手拍子のような簡単なものから行っていきます。3拍子の拍感に合うように，1拍目と2，3拍目の違いを感じ取りやすい手遊びを取り上げることがポイントです。慣れてきたら，旋律を口ずさんだり，二人組で向かい合ったりしながら手遊びを行います。また，学級全体で大きな円をつくって手遊びをしたり，手をつないで舟を漕ぐようにしたりすることで，拍子感が十分に身に付いていない児童も安心して楽しみながら活動できます。繰り返す面白さに少しずつ変化を加えて，拍や拍子の違いを感じ取っていきます。

❷ 一人一人の工夫や技能を評価，支援する

　低学年の児童の特性として，自分を認めてほしいという気持ちから，大きな声や音を無意識に出してしまう傾向にあることが挙げられます。歌唱や器楽の活動では，一斉に演奏することが活動の中心となりがちですが，一人やグループの活動の場を意図的につくり，聴き合う活動の中からお互いを認められるようにします。また，フレーズごとに演奏したり，交互分担奏やリレー奏をしたりする中で，児童一人一人の工夫や技能を評価し，褒め励ましていくことが意欲や技能を高めることにつながります。

　また，白鍵と黒鍵の規則正しい並びの中から「ソ」を見つけることが困難な児童には，水性のペンで小さく印をつけます。何度も繰り返し演奏する中で印は消え，その頃にはしっかり「ソ」の位置を覚えられるでしょう。思いを音や音楽で表現するためには，演奏の仕方，つまり息づかいやタンギング，運指等の技能の習得が必要です。技能の習得のための直接的な指導の他に，想像した様子や気持ちを表現する工夫の中で，楽しみながら技能を身に付けられるようにしていきます。

❸ リズム譜，階名唱に親しませる

　「かっこう」は小節ごとに見ると，右図の四つのリズム・パターンで構成されています。そこで四つのリズム・パターンカードや休符カードを作成し，子供たちに「ミッション」を出し，リズム譜に親しませます。このような活動は，音楽の構造に気付くことにつながります。

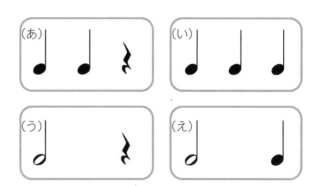

〈レベル１〉かっこうが逃げた。１，２小節目のかっこうをカードから捕まえろ！…（あ）

〈レベル２〉かっこうが逃げた。９，10小節目のかっこうをカードから捕まえろ！…（え）

〈レベル３〉９，10小節目のかっこうと同じリズムが隠れている。

　　　　　　すぐに探せ！…（６・８小節目）

〈レベル４〉落とし物（４分休符）だ。すぐに元の場所に戻せ！…（１・２・４・12小節目）

〈レベル５〉バラバラ事件発生。元の順番に正しく並べろ！

　　　　　　…（あ）（あ）（い）（う）｜（い）（え）（い）（え）｜（え）（え）（い）（う）｜

　また，３年生から始まるハ長調の視唱，視奏の素地づくりとして，絵譜を見ながら階名唱する学習を行います。階名唱を繰り返すと，自然に暗唱できるようになります。そのときに，絵譜から目を離さずに歌わせることが視唱力の基礎を育成することにつながります。低学年のうちに正しい音程感覚を育むために，そして，器楽演奏への負担を軽減するためにも，階名唱や暗唱する活動を積極的に取り入れていきます。

❹ 学習の見通しができる「チャレンジカード」を活用する

　本題材を通して，子供が学習の見通しをもつことができ，自分の頑張りが視覚的に分かるようなカードを活用していきます。

　①「かっこう」ミッション，②３拍子の手遊びづくり，

　③歌詞唱，④階名唱，⑤鍵盤ハーモニカの演奏　等

　活動ごとに視点を提示し，

　　　よくできた：ピンク

　　　できた：青

　　　もう少しがんばりたい：黄

のシールを貼り，自己評価させます。そのことが，意欲を継続させる一助となり，より主体的な学びが期待されます。

　　　　　　　　　　　　　　　　　　　　　　　　（西　友希）

11 おんがくづくりを たのしもう

学年・活動 第1学年・音楽づくり

本題材で扱う学習指導要領の内容

2内容　A表現　(3)音楽づくりア(ア),　イ(ア),　ウ(ア)　〔共通事項〕(1)ア
思考・判断のよりどころとなる主な音楽を形づくっている要素：音色，呼びかけとこたえ

1 題材の目標

○身の回りの様々な音の特徴について，それらが生み出す面白さと関わらせて気付くとともに，発想を生かした表現をするために必要な，設定した条件に基づいて，即興的に音を選んだりつなげたりして表現する技能を身に付ける。

○音色や呼びかけとこたえを聴き取り，それらの働きが生み出すよさや面白さ，美しさを感じ取りながら，聴き取ったことと感じ取ったこととの関わりについて考え，音遊びを通して，音楽づくりの発想を得る。

○友達と音色を楽しむ活動に興味をもち，音楽活動を楽しみながら主体的・協働的に音楽づくりの学習活動に取り組み，音遊びに親しむ。

2 題材の特徴と学習指導要領との関連

❶ 本題材で扱う教材の特徴

　本題材における教材は，児童のつくった音楽です。第1学年で最初に扱う音楽づくりの活動では，まず身の回りの様々な音の特徴に気付かせることから始めていきます。音に集中して，よく聴くこと，音には違いがあること，音を使っていろいろな遊びができることなどを伝え，遊びながら音の特徴に着目できるようにしていきます。その中で大切なことは，一人一人の児童の気付きです。児童が偶然に出した音，発見した音を教師が聴き逃さず，それをきっかけとして次の表現に生かしていくことが大切です。

❷ 音遊びの活動の位置付け

　学習指導要領解説において「音遊び」とは，「友達と関わりながら，声や身の回りの様々な音に親しみ，その場で様々な音を選んだりつなげたりして表現すること」と示されています。大切なのは，音遊びを通して，「音楽づくりの発想を得ること」です。そのためには，教師が児童の様々な表現の中から，児童の表現の変容を見取り，その面白さを価値付け，全体で共有していくことが重要です。

3 主体的・対話的で深い学びの視点による題材構成のポイント

❶ 思いを大切にする

　教師は，本時のねらいや，本時の終了時の児童の具体的な姿を思い浮かべながら，児童のつぶやきや音楽表現に着目していきます。児童は，自由に楽しく活動しますが，教師は，児童の様子をよく見て，「これは！」と思う表現をみんなの前で発表させ，共有しながら，授業を組み立てていきます。音楽づくりの条件は，児童の表現から提示するようにしましょう。児童が自然と活動したくなるような教師の声かけを目指しましょう。

❷ 子供同士の思いをつなぐ

　本題材は，１年生のはじめの頃に扱うことを想定しています。このような時期の児童は，「先生と自分」という意識が強いことが考えられます。そこで教師自身は，「子供同士をつなぐ」という意識をもつことが大切です。教師が「ＡさんとＢさんは似ているね」「ＡさんとＣさんは全然違うけど，どっちもいいね」などと，音楽表現に着目して声をかけ，互いの思いをつないでいくとよいでしょう。それを続けていくと，児童からも「私のつくった音楽は，Ａさんに似ているかな」と出てくるようになり，もっと学年が上がると「なぜかというと，呼びかけとこたえを使っているから」のように，根拠をもって，つくった音楽を仲間分けすることができるようになるでしょう。

❸ 自分でできた喜びを味わえるようにする

　児童が，自分で音楽づくりの条件を決めて，自分と友達とで音楽をつくることができた，という喜びを音楽づくりの初めの題材で経験してほしいと思っています。そのためには，場の設定や，掲示物，声かけなど，教師の様々な支援が必要です。児童の多様な表現を認め合い，「できた」という思いを児童にもたせることができるとよいでしょう。

4 題材の評価規準

知識・技能	思考・判断・表現	主体的に学習に取り組む態度
知　身の回りの様々な音の特徴について，それらが生み出す面白さと関わらせて気付いている。 技　思いに合った表現をするために必要な，設定した条件に基づいて，即興的に音を選んだりつなげたりして表現する技能を身に付けて音楽をつくっている。	思　音色や呼びかけとこたえを聴き取り，それらの働きが生み出すよさや面白さ，美しさを感じ取りながら，聴き取ったことと感じ取ったこととの関わりについて考え，音遊びを通して，音楽づくりの発想を得ている。	態　友達と音色を楽しむ活動に興味をもち，音楽活動を楽しみながら主体的・協働的に音楽づくりの学習活動に取り組もうとしている。

音楽づくり・・・1年

5 指導と評価の計画（全2時間）

次	○学習内容	指導上の留意事項	評価規準
第一次（第1時）	**ねらい：身の回りにある音のよさに気付き，即興的に音を選んだりつなげたりする。**		
	○耳を澄まして，身の回りの音を聴く。	・一定の時間，身の回りの音をよく聴き，どんな音がしたか発表するよう促す。 ・児童が偶然に出した音にも，気付くようにする。	
	○ペアで，身の周りの物から音を選んで，音楽をつくる。 ①友達と順番に演奏する。	・児童と教師が，手本を見せることで，音楽づくりの条件を共有できるようにする。 ・条件は，児童の活動やつぶやきの中から，少しずつ増やしていくようにする。また，題材を通して，見て確認することができるように，児童に分かりやすい言葉で掲示する。	
	○グループでつくった即興的な音楽を発表し，音色の面白さについて話し合う。	・児童がつくった工夫（音素材や音の出し方）やつぶやきをなるべく生かすようにする。 ・同じ音素材でも，音の出し方が違うと，音色が違うことに気付くようにする。 ・身の回りのどんな物を使っても音楽をつくることができることが分かるようにする。	知
第二次（第2時）	**ねらい：音色の違いに気付き，呼びかけとこたえを生かして即興的な音楽をつくる。**		
	○耳を澄まして，身の回りの音を聴く。 ○クラスで円になり，クラスのトライアングルの音楽をつくる。	・教師は，トライアングルの音を1回，ていねいに鳴らす。 ・最後まで響いている音を，よく聴くように声をかける。	
	○音楽づくりの発想を得ながら，呼びかけとこたえを用いて，ペアで即興的な音楽づくりをする。 ①友達と順番に演奏する。 ②友達の音が終わってから演奏する。	・教師と児童，友達同士で手本を見せながら，条件に気付くことができるようにする。 ・トライアングルの音の出し方がたくさんあることに気付くことができるようにする。	思 技
	○グループでつくった即興的な音楽を発表し，工夫したことについて話し合う。	・呼びかけとこたえを何度も使って，繰り返しているグループや，変化させているグループなど，教師は，児童のつくった音楽から，音楽の仕組みについても紹介できるとよい。	態

6 本時の流れ（2／2時間）

○学習内容　・学習活動	教師の主な発問と子供の状況例	評価規準と評価方法
ねらい：音色の違いに気付き，呼びかけとこたえを生かして即興的な音楽をつくる。		
○耳を澄まして，身の回りの音を聴く。 ・教師は，トライアングルの音を1回ていねいに鳴らす。	「また，みんなで音を聴いてみようか。今日はどんな音がするかな」 ・あれ，何か音がしたよ。 ・この音，知ってる。	
○クラスで円になり，クラスのトライアングルの音楽をつくる。 ・最後まで響いている音まで，よく聴くように声をかける。	「じゃあ，この音が終わったらAさんから1回ずつ鳴らしてね」 ・まだ，聴こえるよ。 ・チリリリってやっていたのは，1回じゃないよ。	
○音楽づくりの発想を得ながら，呼びかけとこたえを用いて，ペアで即興的な音楽づくりをする。 ①友達と順番に演奏する。 ②友達の音が終わってから演奏する。 ・教師と児童，友達同士で手本を見せながら，音楽づくりの条件に気付くことができるようにする。	「では，ペアで順番に鳴らしてみよう」 ・あ，一緒になっちゃったね。 ・チリリリリってやりたいな。 ・Aさん，Bさん，Aさん，Bさん，Aさん，Bさんって，何回もやろうよ。	思 　演奏 　発言 　観察 　ワークシート 技 　演奏 　発言 　観察
○グループでつくった即興的な音楽を発表し，工夫したことについて話し合う。 ・呼びかけとこたえを何度も繰り返しているグループや，変化させているグループ，偶発的に音が重なったグループなど，教師は，児童のつくった音楽から，音楽の仕組みについて紹介できるとよい。	「それでは，みなさんがつくった音楽を聴いてみましょう」 ・そんな鳴らし方もあるね。 ・何度も繰り返してもいいのか。 ・お話しているみたいだね。 ・やまびこさーんの歌みたいだね。	態 　演奏 　発言 　観察 　ワークシート

7 授業づくりのポイント

❶ 耳を澄まして，音をよく聴く

　音楽づくりと聞くと，音楽作品を「つくる」ことを考えますが，音楽づくりでまず大切なことは，「聴くこと」です。本題材では，小学校における音楽づくりの一番初めの活動として，身の回りの音を聴く活動を取り入れます。まずは，教室などで，そのとき，聴こえる音を聴きます。そこには，エアコンの音や水道の音など，生活の音が聴こえるでしょう。1年生の児童は，水面が光る様子は「きらきら」，暖かい様子は「ふわーん」など，擬態語で表現するかもしれません。音で確かめることを大切にしながら，児童の自然なつぶやきを生かしていきましょう。

　音をよく聴くことは，音色の違いに気が付くようになったり，自分や友達が出した音の中から，お気に入りの音を見付けたりすることにつながります。美しい音に出会いたいという気持ちは，音楽活動に関わる中でとても大切です。よく聴くという活動は，音楽づくりだけではなく，歌唱や器楽，鑑賞の全ての活動に生きてくる，音楽科学習の中で最も大切にしたい活動といってもよいかもしれません。

❷ 学習のパターンをつくる

　音楽づくりの学習のパターンをつくると，児童は見通しをもって学習を進めやすくなります。同じパターンの学習を何度も繰り返し経験することによって，学年が上がるにつれて，自分から進んで学習を進めることができるようになってきます。

　本題材の第1時では，①一人での活動（課題提示），②音楽づくりの条件に沿って，ペアで音楽づくりをする活動，③互いの表現を聴き合う活動（共有）という流れで進めています。第2時でも，活動内容に違いはありますが，学習の流れはほとんど変わりません。

　このように，音楽づくりの学習の流れを決めると，教師も児童も授業展開に見通しをもつことができます。また，本題材のように，2時間程度で終わる音楽づくりの活動を，1年間に何度も繰り返して行うことがよいと考えます。なぜなら，何回も繰り返し活動に取り組むことにより，前回の学習では分からなかった部分に納得することができたり，これまでの学習ではまだ習っていなかった音楽を形づくっている要素を使って音楽をつくることができたりと，新しくできるようになったことが，児童に明確に伝わるからです。

　一つの活動で展開される題材では，2時間程度で終わるということも大切です。限られた音楽の年間授業時数の中で充実した授業をするためには，全員に身に付けさせたい音楽を形づくっている要素を明確にした授業を行うことが必要です。特に低学年では，短い活動を何度も繰り返すうちに，身に付けたことが増えていくように学習指導を展開していくことが大切です。

❸ 音や音楽で示す

　音楽の授業では，教師も言葉や掲示物だけではなく，音や音楽で指示を出すとよいでしょう。それは，算数の時間に数式や図で説明したり，国語の時間に教科書のどの部分から考えたのか文章を引用したりすることと同じです。音楽の時間は，音や音楽が溢れる時間にしましょう。トライアングルをかまえて「チーンって鳴る音が聞こえなくなるまで静かに聴いていてね，行くよー！」と言わなくても，教師が大切に1回音を鳴らせば，児童は自然と静かになって聴きます。また，児童の発言も，音や音楽で伝えることを促しましょう。「チリリンってやってた」と児童が発言したとき，教師は「それは，どんな音？　やってみて」と声をかけ，なるべく音を根拠に話を進められるようにするのがよいでしょう。児童が「太陽のきらきらっていう音」と擬態語やイメージを話題にするときも「トライアングルできらきらってやってみて」と実際に音で表現させるとよいです。

　音や音楽で表現することは，音楽づくりだけではなく，他の領域・分野でも大切になってきます。音楽科の授業の基本を，低学年の初めのうちに身に付けておくと，これからの小学校生活での音楽科学習がさらに豊かになるでしょう。

❹ 様々な状況の児童への配慮を考える

　誰もが安心して授業を受けられる環境をつくることは，とても大切です。

　まず，音自体は目で見ることが難しいため，何の話をしているのか分からなくなってしまう児童もいます。そのような児童のために，視覚的な支援をすることが大切です。例えば，板書に児童が言い表した音を「チーン」と書くことや，呼びかけとこたえのペアのやりとりを色分けして示すことなどは効果的です。音で表したり，板書や掲示物で表したり，いくつかの方法で示すことが大切です。

　また，苦手な音がある児童もいます。本題材では，たくさんの児童が，音がよく響く教室で，全員がトライアングルを使って，一斉にそれぞれの音を出している，その中から，自分のペアの音を聴き取って工夫して音楽づくりをする，という状況が考えられます。その際，苦手な音のある児童が，どのような状況を苦手としているのか捉え，学習状況を改善する必要があります。例えば，トライアングルの長く伸びる音が苦手なのであれば，カスタネットなどの違う楽器にします。たくさんの音が鳴っている状況が苦手なのであれば，同じ教室の中でも，少しみんなと離れて活動することも考えられます。大きな音が苦手なのであれば，全体に，活動のときは少し小さな音でやりとりするようにと，「音のものさし」のようなものを示してもよいでしょう。

　クラス全員が安心して「楽しい」と感じられることが，「もっとやってみたい」という好奇心につながり，「音楽が好き」という気持ちにつながります。

（澤野　和泉）

音楽づくり…1年

12 リズमを つなげよう

学年・活動 第1学年・音楽づくり

本題材で扱う学習指導要領の内容

2内容　A表現　(3)音楽づくりア(イ)，イ(イ)，ウ(イ)　〔共通事項〕(1)ア
思考・判断のよりどころとなる主な音楽を形づくっている要素：リズム，反復

1 題材の目標

○リズムやリズムのつなげ方の特徴について，それらの働きが生み出す面白さと関わらせて気
　付くとともに，思いに合った表現をするために必要な，音楽の仕組みを用いて簡単な音楽を
　つくる技能を身に付ける。

○リズムや反復を聴き取り，それらの働きが生み出すよさや面白さ，美しさを感じ取りながら，
　聴き取ったことと感じ取ったこととの関わりについて考え，どのように音を音楽にしていく
　かについて思いをもつ。

○友達とリズムをつなげる学習に興味をもち，音楽活動を楽しみながら主体的・協働的に音楽
　づくりの学習活動に取り組み，簡単な音楽をつくる学習に親しむ。

2 題材の特徴と学習指導要領との関連

❶「簡単な音楽をつくる」学習の位置付け

　学習指導要領における「音楽の仕組みを用いて，簡単な音楽をつくる技能」を身に付ける学
習は，第1学年及び第2学年に位置付けられています。「簡単な音楽」とは，解説によると
「それぞれの児童の実態に応じて無理なくつくることができる音楽」という意味です。

❷「音楽の仕組み」を用いた音楽づくり

　本題材では，4拍子，1小節の「わたし・ぼくリズム」を2人でつなげて，4小節の音楽を
つくります。はじめにつくる「わたし・ぼくリズム」は，学習指導要領上では，「簡単な音楽」
にあたります。それをつなげるときに，「反復」という音楽の仕組みを用います。教師が指定
した音楽の仕組みに基づいて，児童が自ら進んで音楽をつくることで，音楽の仕組みによって
生み出されるよさや面白さに気付かせ，「繰り返して音楽をつくると面白いね！」と納得でき
るようにします。

3　主体的・対話的で深い学びの視点による題材構成のポイント

❶ 一人一人が主役になる

　音楽科の他の領域・分野と比べて，音楽づくりの活動は，一人一人の児童が主役になれる場面がたくさんあります。特に，低学年の音楽づくりは，一人一人が主役になる場面をたくさんつくることが大切です。そのためには，一人でじっくり音楽をつくる活動時間を指導計画上で確保することが重要です。そのときに教師は，児童一人一人がどのような音楽をつくっているのか，困っているところや工夫しているところはないか，ていねいに把握します。このような取組が，主体的な学びを促すことにつながります。

❷ 互いに音をよく聴く

　音楽づくりの活動では，自分がつくった音や友達がつくった音をよく聴く姿勢をもつことがまず始めに大切です。低学年の児童の姿として「先生，私のつくったリズムを聴いて！」という意欲に満ちた様子が目に浮かびますが，その一方で，友達のつくった音楽はあまり聴いていないという姿も見られます。そこで教師は「よく聴こうね」という声かけだけではなく，「今のAさんのリズム，みんなで打ってみようか」，「Aさんのリズムと同じリズムだったのは誰でしょう」など，対話的な学びを意識して，友達のつくった音に興味をもてるような声かけをしていくことが大切です。

❸ 児童にとって分かりやすい条件を提示する

　一人一人がつくる音楽の長さや，どのような音楽の仕組みを用いて，何人のグループで簡単な音楽をつくるのか，について明確にすることで，より深い学びにつなげることができます。題材で扱う条件は，細かく指定し，児童に分かりやすく提示します。掲示物を使用すると視覚的にも分かりやすくなります。

4　題材の評価規準

知識・技能	思考・判断・表現	主体的に学習に取り組む態度
知　つくったリズムやリズムのつなげ方の特徴について，それらが生み出す面白さと関わらせて気付いている。 技　思いに合った表現をするために必要な，音楽の仕組みを用いて，簡単な音楽をつくる技能を身に付けて音楽をつくっている。	思　リズムや反復を聴き取り，それらの働きが生み出すよさや面白さ，美しさを感じ取りながら，聴き取ったことと感じ取ったこととの関わりについて考え，どのように音を音楽にしていくかについて思いをもっている。	態　友達とリズムをつなげる活動に興味をもち，音楽活動を楽しみながら主体的・協働的に音楽づくりの学習活動に取り組もうとしている。

5 指導と評価の計画（全2時間）

次	○学習内容	指導上の留意事項	評価規準
第一次（第1時）	ねらい：「タンタンタンウン」のリズムを使って，「わたし・ぼくリズム」をつくる。		
	○教師のリズムを模倣する。	・教師は，「タンタンタンウン」のリズムにのせて，様々なリズムを児童に提示する。言葉を入れてリズムを提示してもよい。 例）・「た・ま・ご・ウン」 　　・「タン・タタ・タン・ウン」	
	○「タンタンタンウン」のリズムを使って，「わたし・ぼくリズム」をつくる。	・児童の様々な表現の工夫を，簡単な楽譜に書き，リズムが視覚的に分かるようにする。	知
	○「わたし・ぼくリズム」をペアでつなげて，簡単な音楽をつくる。	・二つのリズムをつなげて，2小節の音楽をつくるようにする。 例）A：「た・ま・ご・ウン」 　　B：「り・ん・ご・ウン」 ・二つのリズムをつなげて，4小節の音楽をつくるようにする。 例）A：「た・ま・ご・ウン」 　　B：「り・ん・ご・ウン」 　　A：「た・ま・ご・ウン」 　　B：「り・ん・ご・ウン」 ・反復が使われていることに気付くように，リズムごとに色画用紙を分けて書くなどして，視覚的に分かるようにする。	
第二次（第2時）	ねらい：「わたし・ぼくリズム」をつなげて，反復を用いた4小節の音楽をつくる。		
	○「タンタンタンウン」のリズムにのって，学級全体で言葉のリレーをする。	・前時の児童の様々な表現の工夫を，簡単な楽譜に書き，リズムが視覚的に分かるようにする。 ・拍にのることができるように，教師が一定のリズムを楽器で演奏するようにする。	技
	○ペアになり，反復の仕組みを用いて4小節の音楽をつくる。	・簡単に記譜したものをつなげ，反復をどのように使っているか，分かるようにする。 ・反復の例を提示する。	思
	○つくった音楽を発表し，聴き合う。	・反復を用いている部分を紹介する。	態

6 本時の流れ（2／2時間）

○学習内容　・学習活動	教師の主な発問と子供の状況例	評価規準と評価方法
ねらい：「わたし・ぼくリズム」をつなげて，反復を用いた4小節の音楽をつくる。		
○「タンタンタンウン」のリズムにのって，学級全体で言葉のリレーをする。 ・リズムを簡単に記譜し，掲示する。	「前回つくった『わたし・ぼくリズム』を，クラスみんなでつなげましょう」 ・言葉が違っても，同じリズムの人がいたね。 ・言葉が同じでも，違うリズムの人がいたね。	
○ペアになり，反復の仕組みを用いて4小節の音楽をつくる。 ・簡単に記譜したものをつなげ，反復をどのように使っているか，分かるようにする。	「繰り返しを使って，2人で『わたし・ぼくリズム』をつなげましょう。曲の長さは『わたし・ぼくリズム』4回分です」 ・繰り返しにも，いろいろな種類があるよ。 ・繰り返しって，こんなことでいいのかな。 「このグループは，こんな繰り返しを使っていましたね」 「他にも，繰り返しの種類は，いくつかありますね」 例）①A，A，A，B 　　②A，A，B，B 　　③A，B，A，B 　　④A，A，A，A ・私達は①の繰り返しを使ってみようかな。	技 演奏 思 発言 観察 ワークシート
○つくった音楽を発表し，聴き合う。	「このペアの音楽は，どんな工夫があったでしょう」 ・②の繰り返しが使われていたね。 ・全部のリズムが，はねていて，スキップしているみたいだった。 ・言葉は違ったけれど，リズムは同じだったので，④の繰り返しが使われていたね。	
○学習を振り返る。	「友達と『わたし・ぼくリズム』をつくった感想を聞かせてください」	態 演奏 発言 ワークシート

音楽づくり‥1年

7 授業づくりのポイント

❶ 音遊びをたっぷりと楽しむ

　この題材は，音を音楽にしていく活動として位置付けられていますが，この活動を行う前段階として，特に低学年では「音遊び」の活動をたくさん取り入れておくことが大切です。「音遊び」は「音」を使った「遊び」ですから，児童が日常的にしている遊びのように，音を介して楽しく，緊張感から解放されて，のびのびと自己表現を楽しむことが大切です。

　そのためには，日常の中でもたくさんの音遊びの経験をすることが大切です。例えば，名前を呼ぶときに，拍にのって「○○さん」「はーい」とこたえる活動や，曲の一部の歌詞を変えて歌う活動は，学級の時間でできる音遊びです。身の回りにある，自然の音を探すことも音遊びです。例えば，鉛筆など，身近な素材を使って音を鳴らし，様々な音色の違いに気付くことや，自分でつくった楽器で遊ぶことも音遊びの一つになります。生活科の学習と関連付けることもできそうです。

　また，第1時では，「タンタンタンウン」のリズム遊びをたくさんすることが大切です。クラスには，なかなかリズムを思いつかない児童や，うまく表現できない児童も多くいます。そのような状況でも，教師の声かけを工夫することにより，「音楽表現」にしていくことができます。拍をうまく捉えることが難しい児童には，「じゃあ，『わたし・ぼくリズム』を二人分使っちゃおうか」と，少し条件を変えて柔軟に対応していくのも面白いでしょう。

　本題材では，つくった音楽の最小のまとまりは「わたし・ぼくリズム」です。一人一人の児童が，こだわって，大好きと思えるような「わたし・ぼくリズム」をつくることが大切です。

❷ 音を大切にする環境づくりをする

　児童がつくった音楽に集中して授業が進められるよう，その他の音をなるべく出さないような工夫が大切です。

　一つ目の工夫は，場の設定です。低学年の音楽の授業は，教室で行われることが多いです。この題材では，椅子だけを使って，クラス全員で円をつくって授業することを勧めます。そうすることで，つくった音楽を発表している児童に目を向けやすくなり，どのようなリズムをつくったのかが分かりやすくなります。また，机がないことで，余計な音が出てしまうことも防ぐことができます。移動がしやすくなり，ペアや，グループでの活動もスムーズにできます。さらに，円をつくっていると，教師が，一人一人の児童の目の前で，つくった音楽を聴いたり拍打ちをしたりと，支援がしやすくなります。

　二つ目の工夫は，教師の声かけです。児童がつくっている音楽について，その場ですぐ認めることは，とても大切です。けれども，教師が「いいね！」「すごーい！」と声をかけると，その言葉がけで音楽が止まってしまうような気がします。そこで，教師はジェスチャーで「私

は聴いているよ」と児童に伝えることを勧めます。拍にのってリズムを演奏できている児童には，OK のサインをします。とても工夫していて，教師も驚くようなリズムをつくっている児童には，満面の笑顔で伝えます。教師が音を大切にする姿が，児童にも伝わるでしょう。

❸ 視覚的な支援の工夫をする

　児童が主体的に音楽づくりの活動に取り組むためには，題材で主に扱う音楽の仕組みや，表現方法のよさや面白さに全員が気付くことが大切です。

　児童は，その時々にいろいろな表現をします。そして，つくった音楽は消えていってしまうので，そのよさや面白さを分かりやすく伝えるために，視覚的な支援をしていきます。

　本題材では，児童のつくった音楽を，教科書のような簡単な記譜で表しています。そうすることで「言葉は同じだけれど，リズムが違う」「言葉は違うけれど，リズムは同じ」などの特徴に気付くことができます。教師の支援として，同じリズムは，同じ色の画用紙にすると，ど

のように反復を用いているのか，視覚的に分かりやすくなります。児童が記譜したものを積極的に授業に活用していくことで，一人一人が記譜のよさに気付くことができます。このような取組が中学年以降の学習につながります。

❹ これからの学習につなげる

　低学年時の音遊びや音楽づくりの経験は，これからの学習の基礎となります。この題材で用いた「わたし・ぼくリズム」は，どの学年でも使うことができます。

　例えば，今回は，ペアで4小節の手拍子によるリズムをつなげましたが，タンブリンやカスタネットを用いて演奏するという方法もあります。また，琴や鉄琴など，旋律楽器を用いて「わたし・ぼくリズム」をつなげることもできます。リコーダーの「シ・ラ・ソ」を使って音楽をつくる活動は，リコーダー指導の導入にもなります。「わたし・ぼくリズム」を声でつくり，重ねると，声による音楽ができます。

　「『わたし・ぼくリズム』をつくろう！」と教師が投げかければ，「何（楽器）を使ってつくるの？」「何の決まり（音楽の仕組み）でつくるの？」と，どの学年でも，自分から進んで音楽づくりの学習に取り組むことができるようになります。

（丸山　朱子）

リズムと かけごえで 音がくを つくろう

学年・活動 第2学年・音楽づくり

本題材で扱う学習指導要領の内容

2内容　A表現　(3)音楽づくりア(ア)，イ(ア)，ウ(ア)　〔共通事項〕(1)ア

思考・判断のよりどころとなる主な音楽を形づくっている要素：リズム，拍

1　題材の目標

○太鼓のリズムやその組み合わせ方の特徴について，それらが生み出す面白さなどと関わらせて気付くとともに，発想を生かした表現をするために必要な，設定した条件に基づいて，即興的に音を選んだりつなげたりして表現する技能を身に付ける。

○太鼓のリズムや拍を聴き取り，それらの働きが生み出すよさや面白さ，美しさを感じ取りながら，聴き取ったことと感じ取ったこととの関わりについて考え，音遊びを通して，音楽づくりの発想を得る。

○太鼓のリズムをもとに音楽をつくることに興味をもち，音楽活動を楽しみながら主体的・協働的に音楽づくりの学習活動に取り組み，音遊びやおまつりの音楽に親しむ。

2　題材の特徴と学習指導要領との関連

❶ 本題材で扱う学習活動「おまつりの音楽をつくろう」の特徴

　教材「おまつりの音楽をつくろう」は，太鼓のリズムに親しみながら，リズムの組合せの面白さを感じ取ることを通して，音楽づくりの発想を得る内容になっています。そのために，太鼓の音に合わせた口唱歌を取り入れ，その場で思いついたリズムやかけ声の組合せを音に出して確かめながら，一人一人が「こうやってリズムを組み合わせると面白くなる」などと発想を広げられるような活動にしていくことが大切です。それぞれのリズムの特徴を捉え，それを根拠として4小節のリズムを即興的に表現することを楽しむことができるようにしていきます。

❷「リズムとかけ声で音楽をつくる」学習の位置付け

　太鼓のリズムを用いた音楽づくりでは，口唱歌を通して我が国の音楽を身近に感じることができます。学校に和太鼓がある場合は，つくったリズムを実際に太鼓で表現する活動も考えられます。また，より楽しい音楽表現にするために「合いの手」としてかけ声を入れたり，かけ声を合図として音楽を始めたりすることのよさを捉えることで，より深く我が国の音楽に親しむ態度を育成していきます。

3 主体的・対話的で深い学びの視点による題材構成のポイント

❶ 児童の思考に合った学習の時期を設定する

　地域によって太鼓の音色と触れ合う機会は異なりますが，児童にとって太鼓の音色やリズムをより身近に感じられる時期にこの学習を設定することで，意欲のもち方が変わってきます。地域のお祭りがある場合はもちろん，運動会で太鼓に親しんでいる場合もあるかもしれません。太鼓と触れ合う機会がない学校では，他領域・分野の学習を参考教材に設定することもできます。児童にとって，より自然な流れで学習に結び付けることが，主体的な学びにつながります。

❷ つくっている音楽をペアの友達と聴き合いながら活動する

　本教材では，即興的にリズムの組合せを考えて表現することがねらいとなっています。様々なリズムの組合せを試す音遊びを通して，どのような音楽にしたいか発想を得ることが大切です。その際に，一人だけで活動するのではなく，あらかじめ隣の席の児童などペアを決めておき，「いいなと思うリズムの組合せを見付けたら，ペアの友達に聴かせてね」と声をかけることで，考えたリズムを音で人に伝えることができます。また，そのリズムのよさについて言葉を交わすことが，根拠をもって自分の音楽をつくることにつながっていきます。

❸ 友達のつくったリズムにかけ声を入れる活動を取り入れる

　音楽づくりの学習では，自分のつくる音楽に思いをもつことはもちろんですが，友達のつくった音楽を聴き，そのよさを感じ取りながら，音楽の多様性に気付いていくことも大切です。本教材では，自分のつくった太鼓のリズムと友達のリズムを聴き比べ，それぞれの特徴を共有しながらかけ声を考える活動を通して，友達のつくった音楽と主体的に関わることで，互いの音楽のよさを実感し，深い学びへとつなげていきます。

4 題材の評価規準

知識・技能	思考・判断・表現	主体的に学習に取り組む態度
知　太鼓のリズムやその組み合わせ方の特徴について，それらが生み出す面白さなどと関わらせて気付いている。 技　発想を生かした表現をするために必要な，設定した条件に基づいて，即興的に音を選んだりつなげたりして表現する技能を身に付けて音楽をつくっている。	思　太鼓のリズムや拍を聴き取り，それらの働きが生み出すよさや面白さ，美しさを感じ取りながら，聴き取ったことと感じ取ったこととの関わりについて考え，音遊びを通して，音楽づくりの発想を得ている。	態　太鼓のリズムを基に音楽をつくることに興味をもち，音楽活動を楽しみながら主体的・協働的に音楽づくりの学習活動に取り組もうとしている。

5 指導と評価の計画（全2時間）

次	○学習内容	指導上の留意事項	評価規準
第一次 （第1時）	**ねらい：リズムやその組み合わせ方の面白さを感じ取って，4小節の太鼓のリズムをつくる。**		
	○日本の太鼓の音楽を鑑賞し，様々な音色やリズムの音楽があることの面白さを感じ取る。 ○6種類のリズムを使って口唱歌と手拍子でリズム遊びをし，それぞれのリズムの特徴を捉える。 ○リズムの組み合わせ方による音楽の違いに気付く。 ○リズムの組合せを試し，4小節のリズムを考える。 ○友達のつくったリズムを聴く。 ○次時につくる音楽の見通しをもつ。	・「津軽じょっぱり太鼓」「さんさ踊りの太鼓」「御陣乗太鼓」「八丈太鼓」など，太鼓が主となる音楽を選ぶ。 ・口唱歌と手拍子を同時に行うことで，太鼓のリズムに親しむとともに，リズムの特徴を実感できるようにする。 ・リズムの組み合わせ方が異なるモデルを提示し，比較して特徴を捉えられるようにする。 ・最後が4分休符や4分音符で終わると，音楽が終わる感じになることを共有する。 ・いいなと感じたリズムをペアで聴き合いながら活動できるよう声をかける。 ・何人かの児童のリズムをつなげ，様々なリズムの面白さを感じられるようにする。 ・鑑賞曲を想起し，より楽しいおまつりの音楽にするためにかけ声を入れる方法に気付かせる。	知
第二次 （第2時）	**ねらい：太鼓のリズムとかけ声の組合せを工夫し，拍を意識して音楽をつくる。**		
	○太鼓のリズムに合うかけ声を知る。 ○ペアの友達とつくったリズムを聴き合い，拍やリズムに合うかけ声を考える。 ○つくった音楽を聴き合い，よさや面白さを感じ取る。 ○学習の振り返りをする。	・かけ声の例を提示し，実際にリズムに合わせてかけ声を入れ，音楽の楽しさに気付くことができるようにする。 ・互いのリズムに合うかけ声を一緒に考え，表現しながら試すよう声をかける。 ・思いをもってかけ声の表現しているペアを全体で共有し，自分たちの音楽に生かせるようにする。 ・全体でのかけ声による始め方と終わり方を決め，主体的に参加しながら友達のつくった音楽を聴くことができるようにする。 ・少人数でかけ声や口唱歌をすることが難しい場合は，教師が支援し，一緒に表現する。	思 技 態

96

6 本時の流れ（2／2時間）

○学習内容　・学習活動	教師の主な発問と子供の状況例	評価規準と評価方法
ねらい：太鼓のリズムとかけ声の組合せを工夫し，拍を意識して音楽をつくる。		
○太鼓のリズムに合うかけ声を知る。 ・前時に鑑賞した日本の太鼓の音楽を想起し，かけ声を入れる方法があることを知る。 ・拍を感じながら，かけ声をどのようにリズムと組み合わせたらよいかを，試しながら考える。	「太鼓のリズムをもっと楽しく表すために，工夫できることはありませんか」 ・お祭りで，「ワッショイ」とかけ声をしたことがあるよ。 ・4拍目に，「ヨッ」「セヤッ」のように短いかけ声を入れると，太鼓のリズムがもっと元気な感じになるね。	
○ペアの友達とつくったリズムを聴き合い，拍やリズムに合うかけ声を考える。 ・つくったリズムを聴き合い，それぞれの特徴を捉える。 ・拍やリズムに合うかけ声を，試しながら考える。 ・友達のつくっている音楽を聴き，よさを感じ取って，自分たちの音楽に生かす。 ・つくった音楽をペアでつなげて演奏する。	「ペアの友達と，お互いにつくったリズムにかけ声を入れて，おまつりの音楽をつくりましょう」 ・リズムが落ち着いているから，かけ声も2拍分の長いものが合うね。 ・速いリズムが多いから，かけ声もたくさん入れた方がいいかな。それとも，かけ声は4拍目だけにした方が勢いがあるかな。 ・1拍目から「ソレソレソレソレ」とかけ声を入れて，だんだん強くしていくと，もっと盛り上がる感じになるね。	思 発言 観察
○つくった音楽を聴き合い，よさや面白さを感じ取る。	「つくった音楽をみんなでつなげて演奏してみます。そのために，始め方と終わり方を決めて演奏しましょう」 ・最初は，全員で「ヨーオッ！」とかけ声をかけて始めたいな。 ・最後はみんなで「ソーレ」ドンで終わろう。	技 演奏 観察
○学習の振り返りをする。	・拍やリズムに合うかけ声を入れると，もっと楽しい音楽ができたよ。 ・みんなのつくった音楽をつなげると，違うリズムがどんどん出てきて，にぎやかなおまつりのように聴こえたよ。	態 発言 観察 ワークシート

音楽づくり……2年

7 授業づくりのポイント

❶ リズムの特徴を十分に味わうためのリズム遊びをする

　児童が太鼓のリズムを面白いと感じ，音楽づくりの発想を広げていくことができるようになるためには，第一次に，それぞれのリズムの特徴を十分に味わっていることが重要です。普段，「タン」「ウン」など，リズムの読み方は知っている児童が，ここで初めて口唱歌（くちしょうが）に出会います。手拍子を打ちながら，独特の言葉でリズムを唱えることで，その響きの面白さを感じ取ることができるようにします。

　また，一つ一つのリズムだけでは児童にそのよさが伝わりづらいため，六つのリズムの中から二つを選んだ組合せを様々なパターンで試していきます。その際，大きなリズムカードを用いて，2人ずつ黒板の前に出て来て好きなリズムを選び，そのリズムをその場でつなげて全員で演奏するなど，即興的に表現していきます。全員が順番に前に出てもそこまで時間はかからないので，自分の選んだリズムと友達の選んだリズムを組み合わせて音楽ができた経験を導入で取り入れると，主体的に学習に取り組むことができます。

　様々な組合せを試す中で，「ゆったりしている」「忙しい感じ」など，児童の言葉でリズムの特徴を捉えていきます。また，同じリズムを繰り返すことの面白さや，最後のリズムによって続く感じや終わる感じがすることなどを全体で共有していき，その後一人一人がつくるリズムにつながるようにしていきます。

❷ 分かりやすく無理のない条件を設定する

　音楽づくりの学習において欠かせないものが条件の設定です。これは，指導のねらいに応じて音の面白さを感じ取りながら，児童が安心して音楽をつくることができるためのものです。

　この教材では，即興的にリズムを組み合わせて音楽をつくりますが，ただ四つのリズムを組み合わせればよいの

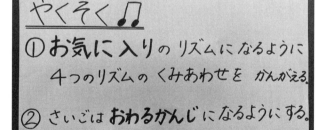

ではなく，自分が面白いと感じる音楽にすることが大切です。そのために，児童が試しながら音楽をつくることができる条件を設定します。必ずしも終わる感じにする必要はありませんが，児童がリズムの組み合わせ方を考えるよりどころとして，最後のリズムを何にするかを考えるために条件とすることもできます。この場合，導入時に音遊びをする中で，4分休符や4分音符だと終わる感じがするけれど，8分音符は次につながる感じだということに触れておく必要があります。

❸ 児童の発想を引き出すモデルを提示する

　リズム遊びや条件を受けて，児童一人一人が音楽をつくる前に，つくる音楽の見通しをもつことができるよう，モデルを提示します。ここでのモデルは，児童の発想を生かしながら一緒につくっていくこともできます。ただし，教師がねらいをもって提示することが大切です。

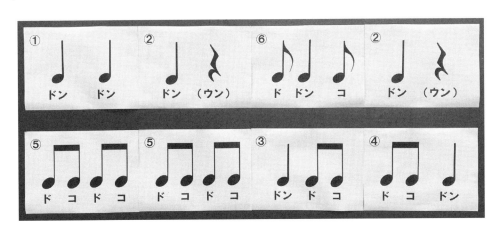

　児童は，８分音符を使った速いリズムの面白さにはすぐに気が付くので，まずは上のモデルのように①と②の「ドンドンドン（ウン）」を先に示すことで，４分音符のよさを感じられるようにすることができます。「この続きはどんな組合せが合うかな」と児童に問いかけ，続きをつくる活動をすることで，児童は音楽をつくる見通しをもつだけでなく，どのように組み合わせたいか思いをもちながらモデルを聴くことができます。

　一つのモデルができた後は，「違うリズムも使ってみよう」と声をかけ，速いリズムを組み合わせてもよいと思います。その際に，常に条件を確認し，思いをもってリズムの組合せを考えることができるようにしていきます。

　このようにしてできた二つのモデルを比較し，どちらのよさも感じ取った上で一人一人の活動の時間を設定すると，試行錯誤しながら自ら即興的に音楽をつくることができます。

❹ 効果的にかけ声を入れるための手立てをとる

　第一次でリズムを組み合わせて音楽をつくることで，この学習を終わりにすることもできますが，実際には，日本の太鼓の音楽において息を合わせるためのかけ声が必要不可欠です。しかし，児童が，より楽しい音楽にするための方法としてかけ声を入れたいという思いがなければ，かけ声を入れる意味がありません。そこで，第一次から，リズムを合わせるときには「ソーレ」や「ヨーオ」という声を合図にしたり，音遊びの際に教師が意図的にかけ声を入れたりして，児童の中でかけ声の面白さを実感できるようにしておくことが大切です。

（西　久美子）

14 木きんで 音がくを つくろう

学年・活動 第2学年・音楽づくり

本題材で扱う学習指導要領の内容

2内容　A表現　(3)音楽づくりア(ア)，イ(ア)，ウ(ア)　〔共通事項〕(1)ア

思考・判断のよりどころとなる主な音楽を形づくっている要素：拍，音楽の縦と横との関係（音の重なり方）

1 題材の目標

○木琴の様々な音の特徴について，それらが生み出す面白さと関わらせて気付くとともに，発想を生かした表現をするために必要な，設定した条件に基づいて，即興的に音を選んだりつなげたりして表現する技能を身に付ける。

○拍や音楽の縦と横との関係（音の重なり方）を聴き取り，それらの働きが生み出すよさや面白さ，美しさを感じ取りながら，聴き取ったことと感じ取ったこととの関わりについて考え，音遊びを通して，音楽づくりの発想を得る。

○友達と即興的に表現する活動に興味をもち，音楽活動を楽しみながら主体的・協働的に音楽づくりの学習活動に取り組み，音遊びに親しむ。

2 題材の特徴と学習指導要領との関連

❶「即興的に音を選んだりつなげたりして表現する」学習の位置付け

　学習指導要領における「即興的に音を選んだりつなげたりして表現する」活動は，第1学年及び第2学年から位置付けられています。音遊びを通して，音楽づくりの発想を得ながら，設定した条件に基づいて即興的に表現する活動を低学年から十分に取り入れることは，中学年以降の音楽づくりの活動を充実させることになります。一つの題材に長い時間をかけて取り組むよりも，短くてもよいので，多くの音遊びを経験していくことが重要です。多くの音遊びによって，いろいろな条件で音楽をつくる経験が蓄積されるからです。

❷ 音素材としての木琴の活用

　本題材では，木琴を音素材として音遊びの学習活動を展開します。音素材としての木琴は，演奏する音を視覚で確認しながら，児童が無理なく音を鳴らせる楽器です。持ち運びできるサイズのものや，音板を取り外せるものもあり，即興的な音楽表現を楽しむのに適した楽器です。

3 主体的・対話的で深い学びの視点による題材構成のポイント

❶ 音を大切にする

　題材の一番初めは，教師が「ラ，ラ，ラ」と木琴を鳴らします。そこで，教師がとてもていねいに音を鳴らすことが，本題材の全ての活動を方向付けるものになります。教師の最初の音の鳴らし方が，楽器を大切に扱うことや，音をよく聴くことを伝えることになります。また，「ラ」の音程を演奏することが，本題材で，日本のわらべうたのような音楽づくりを想定していることを伝えることにもなります。教師は，児童に対して，言葉で指示するのではなく，音や演奏から活動のヒントを与えるように努めます。

❷ 条件を様々な方法で提示する

　音楽づくりの条件は，児童のつぶやきや，児童が迷っていたり，考えていたりする様子から引き出すのがよいでしょう。そのようにして提示した条件は，すぐに演奏したり，文字で板書に残したりと，いくつかの方法で提示するとよいです。掲示物で残しておき，「前回の音楽づくりと同じだね」と伝えれば，児童の活動の手助けになります。

❸ 児童の多様な表現を認める

　本題材は，ソラシの3音を使い，ラの音を中心として日本のわらべうたのような音楽づくりをすることを想定していますが，中には，ソを中心としてト長調のような音楽づくりをする児童もいることが考えられます。本題材は，思考・判断のよりどころとなる音楽を形づくっている要素に音階を位置付けていないため，どちらの響きで音楽づくりをしてもよいものとしています。音楽づくりでは，児童の多様な表現を認め，深めていくことが望ましいと考えます。

4 題材の評価規準

知識・技能	思考・判断・表現	主体的に学習に取り組む態度
知　木琴の様々な音の特徴について，それらが生み出す面白さと関わらせて気付いている。 技　思いに合った表現をするために必要な，設定した条件に基づいて，即興的に音を選んだりつなげたりして表現する技能を身に付けて音楽をつくっている。	思　拍や音楽の縦と横との関係を聴き取り，それらの働きが生み出すよさや面白さ，美しさを感じ取りながら，聴き取ったことと感じ取ったこととの関わりについて考え，音遊びを通して，音楽づくりの発想を得ている。	態　友達と即興的に表現する活動に興味をもち，音楽活動を楽しみながら主体的・協働的に音楽づくりの学習活動に取り組もうとしている。

5 指導と評価の計画（全2時間）

次	○学習内容	指導上の留意事項	評価規準
第一次（第1時）	ねらい：音の重なりのよさに気付き，拍にのって即興的な音楽をつくる。 ○音楽づくりの条件を提示する。 　①ペアで一台の木琴を使う。 　②使う音はソ，ラ，シ。 　③低音は一人で，ラを一定の速さで繰り返す（拍）。 　④高音は，拍に合わせて旋律を演奏する。 ○3〜4人で即興的な音楽をつくって，演奏する。 　①〜④の条件は，ペアのときと同じ。 　⑤低音は一人，高音は順番に演奏する（重ねてもよい）。 ○グループでつくった即興的な音楽を発表し，工夫したことについて話し合う。	・教師が木琴をていねいに演奏し，よい音に興味をもつことができるようにする。 ・児童と教師が，手本を見せることで，音楽づくりの条件を共有できるようにする。 ・条件は，児童の活動やつぶやきの中から，少しずつ増やしていくようにする。 ・条件は，題材を通して，見て確認することできるように，児童に分かりやすい言葉で掲示する。 ・児童から出る工夫やつぶやきを取り上げる。 ・音を重ねて音楽をつくっているグループを取り上げ，次時につなげる。	知
第二次（第2時）	ねらい：音の重なりを工夫して，即興的な音楽をつくる。 ○前時，音を重ねて音楽をつくっていたグループの演奏を聴く。 ○音楽づくりの発想を得ながら，音を重ねて，3〜4人で即興的な音楽をつくり，演奏する。 ○グループでつくった即興的な音楽を発表し，工夫したことについて話し合う。	・前時，音の重なり方を工夫していた演奏を聴き，本時の学習のめあてをもつ。 ・条件は，第1時のものと同じ。題材を通して，見て確認することできるように，児童に分かりやすい言葉で掲示する。 ・音の重なり方について，いくつかのパターンを図で示したものを掲示し，視覚的に分かりやすくする。 ・音の重なり方に気を付けて音楽をつくることができているか，に着目して聴くように声をかける。 ・音の重なり方の図から，どの重ね方のパターンに当てはまるか，考えるようにする。 ・これまでに学習した曲（鑑賞など）で，同じような音の重ね方を使っている曲を見付けられるようにする。	思 技 態

6 本時の流れ（1／2時間）

○学習内容　・学習活動	教師の主な発問と子供の状況例	評価規準と評価方法
ねらい：音の重なり方のよさに気付き，拍にのって即興的な音楽をつくる。		
○木琴を紹介する。 ・教師が音を出す。 ・児童は，自由に木琴を触って，音を出す。	教師は，ていねいに音を出す。 「ラ，ラ，ラ（木琴で）」 ・きれい！　・日本の感じがする。 「木琴です。音を出してみましょう」 ・はねるみたいに音を出すといいね。 ・こうやって，シュルルンってやると楽しいね（グリッサンド）。	
○ペアで即興的な音楽をつくって，演奏する。 ・教師が低音（拍），児童が高音（旋律）で，お手本を見せる。 ・条件は，児童の活動の中から少しずつ引き出す。 　①ペアで一台の木琴を使う。 　②使う音はソ，ラ，シ。 　③低音は一人でラを一定の速さで繰り返す。（拍） 　④高音は，拍に合わせて旋律を演奏する。	「Ａさん，一緒にやってみよう」 ・すごいね！　・やってみたい。 「みんなも2人でやってみよう」 ・ねぇ，これいつ終わるの？ 　（終わり方に気付く） ・ちょっと，さっきと違うんだけど。 　（即興的な音楽の特徴に気付く） ・上と下を交代しようよ。 　（役割に気付く）	
○3〜4人で即興的な音楽をつくって，演奏する。 ・①〜④の条件は，ペアのときと同じ。 ・⑤低音は一人，高音は順番に演奏する。（重ねてもよい）	「次は，ペア同士をくっつけて，グループで音楽をつくりましょう」 ・あ！　一緒になっちゃった。 　（音の重なり方のよさに気付く）	知 発言 観察 ワークシート
○グループでつくった即興的な音楽を発表し，工夫したことについて話し合う。	「どんな音楽をつくったかお互いに聴きましょう」 ・順番に演奏するって言っていたけど，重ねて演奏するのもいいね。次は，重ねてみよう。	

音楽づくり…2年

7 授業づくりのポイント

❶ 初めてふれる楽器の導入に，音遊びを取り入れる

　低学年のうちから，様々な楽器の音を出しておくことが大切です。本題材では，木琴を初めて演奏する児童への活動として，木琴を使った音遊びをします。

　まず，最初に，初めて木琴で音を出すときに，子供同士で，より素敵な音色，お気に入りの音色が出る方法を，楽器を鳴らしながら探す音遊びをします。それから，条件に基づいた音楽づくりを始めます。本題材のように，音楽づくりから新しい楽器に出会わせる方法もよいと思います。この方法は，他のどの楽器でも応用できます。

❷ 楽器の音の特徴を捉えた活動を行う

　楽器を使った音楽づくりをする場合は，楽器の音の特徴を捉えることが大切です。本題材では，木琴だけを使って行います。木琴は，マレット（ばち）で木製の音板を叩いて音を出しますが，出した音はすぐに消えてしまうという特徴をもっています。この特徴を生かし，低音で拍を捉えながら，そこに高音で旋律を重ねる活動がふさわしいと考えました。同じ活動を鉄琴で行うことは難しいと考えます。なぜなら，鉄琴の演奏の仕方は木琴と似ていますが，音がなかなか減衰しない特徴をもっているからです。

　また，音楽づくりでいくつかの楽器を使う場合は，楽器の素材や，音の特徴で仲間分けしたほうが，まとまりのある音楽をつくりやすくなります。例えば，クラベス，ウッドブロック，カスタネットなどの木質系の楽器，トライアングル，すず，ウィンドチャイムなどの金属系の楽器，太鼓，コンガ，ボンゴなどの膜鳴系の楽器に分類することができます。

　楽器の種類を限定した音遊びは，低学年で意識して取り組みたい活動です。

❸ 音楽づくりの条件については，少しずつ提示する

　楽しんで音を鳴らしている音遊びから，一歩進んだ音楽づくりの活動を進めていくためには，条件に基づいてつくる経験が必要です。低学年の児童は，音楽づくりの経験が少ないからこそ，児童の姿から条件を引き出していくことが大切です。

　私は，中休みなどの遊びの様子を思い浮かべます。例えば，外でおにごっこをしているとき，児童は困った場面で様々なルールをつくっています。「タッチしたのに，逃げられた！」「おには，大きな声で『タッチ』と言うことにしよう」「タッチだけじゃなくて，捕まえることにしよう」などと話し合う児童の姿は，容易に想像できます。

　音楽づくりでも，同じです。「Aさんばかり上（の旋律）でいいな」，「じゃあ，交代しようよ」などのように，必要と感じたときに条件を出すのがよいでしょう。そうすることで，児童も納得して受け入れ，条件に基づいてつくることができます。

❹ 音楽には，始めと終わりがあることに気付く

　本題材の活動をしているときに，児童から「いつ終わるの？」というつぶやきがありました。児童は「10数えたら交代ね。いーち，にー，さーん…」と数え始めます。そこで教師が，「低音の人が音で『ラ，ラ，ラ』と10数えたら？」と言うと，まとまりのある音楽ができました。10小節というのは，音楽のまとまりとして少し違和感がありますが，音楽の終わり方に着目することができました。最後は「上の人が『ラララ』と連続で鳴らす」「上の人が音をやめて，下の人のタイミングで終わる」「目を見て，一緒に『ラ，ラ，ラ』と鳴らす」など，様々な終わり方の工夫が見られました。

　そうなると，音楽の始め方も気になります。「いっせーのせ！」と始める児童がよくいますが，普段歌っている曲にそのように始まる曲はあまりありません。曲を聴いて「ピアノ（伴奏）が先に始まっている」ということが分かると，低音を担当する児童が先に演奏を始めます。

　音楽には必ず始めと終わりがあることを，音楽づくりの学習を通して気付き，自らつくる音楽に生かしていくことが大切です。

❺ 楽器を計画的にそろえる

　本題材の活動から少し離れますが，音楽室の楽器を計画的にそろえていくことは，音楽を担当する教師にとってとても重要なことと考えています。楽器を購入するときは，あえて製造メーカーが違うものや，音域の違うものを購入するように心がけています。なぜなら，同じ名称の楽器でも，素材が違うと音色が変わってくるからです。

　音楽室での，楽器や用具の保管方法にも気を付けています。楽器を床に直接置かないようにていねいに指導したり，缶の中に無造作に投げ入れることのないよう指導したりしていくとよいです。手に持つ楽器は，そのまま机や椅子に置くようにせず，机や椅子に布やタオルを敷いてその上に置くよう指導しています。

　教師自身が楽器をていねいに扱うことが，音を大切に扱うことや，音楽を大切にすることにつながります。細かいことではありますが，美しいものを大事に扱うという姿を見せることが大切だと思います。

（丸山　朱子）

15 がっきの音の くみあわせを いかして 音がくを つくろう

学年・活動 第2学年・音楽づくり

本題材で扱う学習指導要領の内容

2内容　A表現　(3)音楽づくりア(イ)，イ(イ)　ウ(イ)　〔共通事項〕(1)ア
思考・判断のよりどころとなる主な音楽を形づくっている要素：音色，リズム，呼びかけとこたえ

1 題材の目標

○リズムやフレーズのつなげ方の特徴について，それらが生み出す面白さなどと関わらせて気付くとともに，呼びかけとこたえの仕組みを用いて，簡単な音楽をつくる技能を身に付ける。

○音色，リズム，呼びかけとこたえの特徴を聴き取り，それらの働きが生み出すよさや面白さ，美しさを感じ取りながら，聴き取ったことと感じ取ったこととの関わりについて考え，どのように音を音楽にしていくかについて思いをもつ。

○リズムや楽器の音色の特徴に興味をもち，音楽活動を楽しみながら主体的・協働的に音楽づくりの学習活動に取り組む。

2 題材の特徴と学習指導要領との関連

❶ 本題材で扱う学習活動「がっきでおはなし」の特徴

「がっきでおはなし」は，打楽器の音色とリズムの組合せを生かし，音楽の仕組みを用いて簡単な音楽をつくる内容になっています。そのために，打楽器だけで構成されている「だがっきパーティー」(長谷部匡俊作曲)などを事前に鑑賞教材として扱い，それぞれの打楽器の特徴やよさを感じ取ったり，音色とリズムの組合せの面白さを聴き取ったりする活動を十分に行います。このような活動を経験することにより，自分でも打楽器を用いて音楽をつくってみたいという意欲がわき，より充実した音楽づくりの学習活動につながっていきます。

❷「楽器の音の組合せを生かして音楽をつくる」学習の位置付け

低学年の児童は，打楽器一つ一つとの出会いを喜び，楽器の音を出すことを楽しいと感じます。その際に，楽器の特徴に気付いたり，楽器の演奏の仕方による音色の違いを十分に味わったりする時間や場を設定することが大切です。また，様々な楽器の音色とリズムとの組合せを聴き比べ，自分の気に入った音の組合せを，音色の特徴を根拠として見付けることができる力を身に付けられるようにしていきます。

3 主体的・対話的で深い学びの視点による題材構成のポイント

❶ 音楽をつくるまでの学習の流れを大切にする

　児童が主体的に音楽づくりの活動に取り組むためには，他領域・分野の学習とのつながりを大切にしながら，児童が自ら音楽をつくることに必然性を感じられるようにすることが大切です。これまでに打楽器の音色と十分に関わる学習を積み重ねた上で，器楽や鑑賞の学習として打楽器のリズムをつなげたり重ねたりしている曲と出会うことで，改めて音色やリズムの特徴を再確認したり，面白さを感じ取ったりできるような学習の流れをつくります。そうすることで，「自分でもこんな音楽をつくってみたい」という意欲が高まり，主体的な学びにつながります。

❷ 友達と一緒に一つの音楽をつくる活動を設定する

　音楽づくりの活動において，対話的な学びが展開されるためには，音を介してコミュニケーションをしながら自分の思いや友達の思いを表現するよさを実感できるような活動を設定する必要があります。一人で音楽をつくるのではなく，自分の表現する音色と友達の音色を聴き比べながら，どのように呼びかけたりこたえたりして音楽をつくりたいかを一緒に考えていくことで，思いを広げ，音楽表現を高めていく活動を展開していくようにします。

❸ つくった音楽を互いに聴き合い，そのよさを味わえる場を設定する

　自分のつくった音楽について友達に伝えたり，友達のつくった音楽についてよいところを見付けたりする活動を通して，より確かな学びへとつなげていきます。どのような思いをもって音楽をつくったのかを，言葉や音を介して伝えることで，自分たちのつくった音楽のよさを再確認することができます。また，友達のつくった音楽のよいところを見付ける活動は，既習事項と音楽とを結び付けて考えることになり，深い学びへとつながっていきます。

4 題材の評価規準

知識・技能	思考・判断・表現	主体的に学習に取り組む態度
知 リズムやフレーズのつなげ方の特徴について，それらが生み出す面白さなどと関わらせて気付いている。 技 呼びかけとこたえの仕組みを用いて，簡単な音楽をつくる技能を身に付けて音楽をつくっている。	思 音色，リズム，呼びかけとこたえの特徴を聴き取り，それらの働きが生み出すよさや面白さ，美しさを感じ取りながら，聴き取ったことと感じ取ったこととの関わりについて考え，どのように音を音楽にしていくかについて思いをもっている。	態 リズムや楽器の音色の特徴に興味をもち，音楽活動を楽しみながら主体的・協働的に音楽づくりの学習活動に取り組もうとしている。

5 指導と評価の計画（全2時間）

次	○学習内容	指導上の留意事項	評価規準
第一次（第1時）	**ねらい：打楽器の音色とリズムの組合せを生かして，2小節のリズムをつくる。**		
	○4種類のリズムを知り，手拍子で表現する。 ○打楽器の音色とリズムの組合せを試し，2小節のリズムを考える。 ○思いを音で表現している友達のリズムを聴き，よさを生かして自分のリズムをつくる。 ○つくった2小節のリズムを聴き合う。 ○次時につくる音楽の見通しをもつ。	・それぞれのリズムの特徴を児童の言葉で捉えることができるようにする。 ・2種類のリズムを組み合わせて2小節のリズムをつくることを条件とする。 ・音色とリズムの組合せについて思いをもってリズムをつくることができるよう声をかける。 ・思いをもって楽器の音色や特徴を生かしたリズムをつくっている児童の作品を紹介し，そのよさを全体で共有する。 ・音色とリズムの組み合わせ方に注目して聴くことができるよう声をかける。 ・異なる楽器の児童の作品を二つ取り上げ，つなげて演奏する。	知
第二次（第2時）	**ねらい：リズムの組み合わせ方を工夫して，呼びかけとこたえを用いた音楽をつくる。**		
	○2人分のリズムを組み合わせて，呼びかけとこたえを用いた音楽をつくることを知る。 ○2人でリズムの組み合わせ方を工夫して，呼びかけとこたえの仕組みを用いて音楽をつくる。 ○友達がつくっている音楽を聴き，よさを自分の音楽に生かす。 ○つくった音楽を聴き合い，よさを感じ取る。 ○学習の振り返りをする。	・組み合わせ方の工夫によって，つくる音楽のよさが変わることが感じられるようなモデルを提示する。 ・2人の音をじっくりと聴き合いながら活動できるような場の設定を工夫する。 ・互いのリズムを聴き合いながら，音色やリズムを根拠として，どのように呼びかけたりこたえたりしたいか，を考えられるように声をかける。 ・構成や強弱表現などを工夫している児童の作品をモデルとして提示し，よさを共有する。 ・どのような思いをもってつくったかを言葉でも紹介する場を設ける。	思 技 態

6 本時の流れ（2／2時間）

○学習内容　・学習活動	教師の主な発問と子供の状況例	評価規準と評価方法
ねらい：リズムの組み合わせ方を工夫して，呼びかけとこたえを用いた音楽をつくる。		
○2人分のリズムを組み合わせて，呼びかけとこたえを用いた音楽をつくることを知る。 ・二つのリズムパターンを聴き比べ，つなげる順番によって音楽が変わることを感じ取る。 ・楽器の音色やリズムをもとに，どちらのつなげ方にもよさがあることを共有する。	「2人のリズムをつなげて音楽をつくるときに，どちらから呼びかけたらよいかを聴いて比べてみましょう」 ・速いリズムから呼びかけて，ゆったりしたリズムでこたえた方が，優しい音楽になって好き。 ・音が長くのびているトライアングルから呼びかけると「ねぇねぇ」と話しかけている感じがしていいと思う。 ・どちらも好きだから，両方やりたいな。	
○2人でリズムの組み合わせ方を工夫して，呼びかけとこたえの仕組みを用いて音楽をつくる。 ・互いのつくったリズムを聴き合う。 ・どちらから呼びかけるとより好きな音楽になるかを試し，4小節の音楽をつくる。 ・思いをもとに，続きの音楽をつくる。	「ペアの友達と，呼びかけとこたえのわざを工夫して，2人だけのリズムの音楽をつくりましょう」 ・高い音から始めた方が楽しい感じがする。 ・2回目は違う方から呼びかけてみよう。 ・もう一回同じ組合せで繰り返したら，もっと楽しい感じになったよ。	思 発言 観察
○友達がつくっている音楽を聴き，よさを自分の音楽に生かす。 ・2人の思いを生かすための組み合わせ方や表現を工夫し，よりよい音楽をつくる。	「友達のつくっている音楽の，工夫しているところを見付けて聴きましょう」 ・同じ呼びかけとこたえを繰り返しているけど，1回目は弱くて，2回目は強い音で演奏していたよ。	技 演奏 観察
○つくった音楽を聴き合い，よさを感じ取る。 ・演奏の前に，工夫したところを伝える。 ○学習の振り返りをする。	「お互いのつくった音楽のすてきなところを見付けて聴きましょう」 ・呼びかけとこたえが2回繰り返されていたのがよかった。	態 発言 観察 ワークシート

音楽づくり‥‥2年

7 授業づくりのポイント

❶ 思いをもって自分のリズムをつくるために，ワークシートを活用する

音楽づくりの学習では，児童がどのように音を音楽にしていくかを試行錯誤しながら活動することが大切になります。そのために，今自分がつくっている音楽を視覚化することが有効です。自分で記譜ができるとよいのですが，低学年の児童はリズムを書くだけでも時間がかかってしまったり，音を介さず机上の音楽になってしまったりすることがあります。

そこで，四つのリズムのカードを渡し，それを並べ替えながら，自分のつくりたい音楽になるよう試しながら活動する方法があります。

ただしこの場合，パズルのように，ただカードを並べるだけの活動にならないよう留意する必要があります。児童が活動する前に，つくる過程を全体で確認する中で，いくつかのリズムの組合せや楽器の音色を比較して聴き味わう時間を設け，どの音楽にも特徴やよさがある中で自分はどのような音楽をつくりたいのか，意欲を高めることが大切です。最終的に完成したリズムは，カードをそのまま貼ることもできますし，児童の実態に応じて書き写すこともよいでしょう。

また，「おきにいり」「こだわり」「くふうしたこと」などのキーワードを用いて，自分の思いを言語化する欄を設けることで，児童はより根拠をもって音楽をつくることができます。教師も，一人一人がどのような思いで音楽をつくったのか見取ることができます。

❷ 意図的に二人組をつくる

はじめから，隣の席の児童と一緒に活動すると決めることもできますが，その場合，第一次の時点で選ぶリズムや打楽器の種類についても，できるだけ同じにならないような工夫が必要になります。一人でつくる２小節を，隣の席の友達の音楽を意識せずにつくった場合は，教師が音色とリズムの組合せを捉えた上で意図的に二人組をつくることが，第二次での豊かな活動につながります。

リズムについては，必ずしも全てが違うカードを使っていなくてもよいですが，リズムのパターンが類似しているよりも，リズムの特徴の違いが分かりやすい方が，児童は根拠をもって呼びかけとこたえを用いた音楽をつくることができます。楽器についても同様に，金属，木，皮の材質ができるだけ異なるようにするとよいでしょう。

❸ 児童の発想を引き出すモデルを提示する

　第二次のはじめに，どのような音楽をつくるか見通しをもつとともに，児童の発想を引き出すためのモデルを提示することが効果的です。

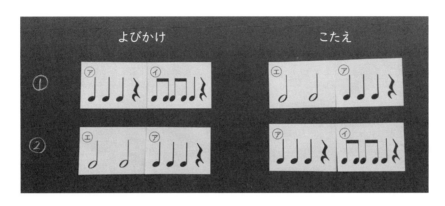

　これは，二つのリズムを選び，どちらが「呼びかけ」て，どちらが「こたえる」のかを聴き味わうためのモデルです。楽器の音色も含めて，①と②のそれぞれの特徴やよさを子供の言葉で捉え，自分はどちらの音楽が好きかを，根拠をもって考えられるようにします。

　上のモデルは，どちらにも「ア」のリズムが使われており，「①だとはじめとおわりが同じリズム」「②だと2人がしりとりをしているみたい」など，児童が視覚的にリズムの特徴を感じ取りやすくしています。

　また，今回の学習では，一度でも呼びかけとこたえを取り入れて，4小節分の音楽をつくることができればよいと考えますが，このように二つのリズムをあえて並べて提示することで，「二つをつなげて両方やってみたい」などという児童の発想も引き出し，発展的な活動にすることもできます。教師の言葉だけで伝えるのではなく，児童が自ら気付き，発想を広げることができるように工夫していきましょう。

❹ 互いの音をじっくり聴き合うための場を設定する

　低学年は，音楽の授業を教室で行うことが多いかもしれません。音楽づくりの活動では，互いの音をじっくり聴き合うことで，思いを音で表現する学習が充実します。そのためには，教室の机を動かしてスペースをつくったり，ついたてを置いたりして，隣のグループとの距離をあけることが有効です。また，教室だけでなく，廊下や近くの特別教室など，一つの部屋の中で聴こえる音ができるだけ少なくなるように場を設定するとよいです。

（西　久美子）

16 いろいろな おとを たのしもう

学年・活動 第1学年・鑑賞　**主な教材**「シンコペーテッド・クロック」

本題材で扱う学習指導要領の内容

2内容　B鑑賞　(1)鑑賞ア，イ　〔共通事項〕(1)ア

思考・判断のよりどころとなる主な音楽を形づくっている要素：音色，リズム，拍，変化

1 題材の目標

○「シンコペーテッド・クロック」の曲想と音楽の構造との関わりについて気付く。

○音色，リズム，拍，変化を聴き取り，それらの働きが生み出すよさや面白さ，美しさを感じ取りながら，聴き取ったことと感じ取ったこととの関わりについて考え，「シンコペーテッド・クロック」の曲や演奏の楽しさを見いだし，曲全体を味わって聴く。

○曲の特徴に興味をもち，体を動かして曲を聴く活動を楽しみながら主体的・協働的に鑑賞の学習活動に取り組み，身近な楽器を使った音楽に親しむ。

2 題材の特徴と学習指導要領との関連

❶ 本題材で扱う教材「シンコペーテッド・クロック」の特徴

　アメリカの作曲家ルロイ・アンダーソンが1945年に作曲した複合三部形式　A(aa' ba')－B(cc)－A(aa' *Coda*)の曲です。規則的なリズムの中に時折不規則に時を刻む様子をシンコペーションで表現している愉快な曲です。

　Aの部分は，ウッドブロックが規則正しく時を刻む秒針を模した音の中に，4小節ごとに繰り返されるシンコペーションのリズムが特徴です。主旋律の，のびやかな弦楽器の音色の中に，ウッドブロックの音色が際立ち，リズムの変化が聴き取りやすい曲となっています。

　Bの部分は，ト長調に明るく転調したり，弾んだ旋律が出てきたりすることで，曲全体が盛り上がってきます。その中に4小節ごとに出てくる，トライアングルのトレモロが目覚まし時計のベルのように聴こえます。Aとの形式の違いが，旋律や楽器の変化から感じられます。

　最後の*Coda*では，今までにないリズムのウッドブロックやカウベル，スライドホイッスルの音が出てくることで，時計が壊れてしまったかのようなイメージを膨らませることができます。

❷「曲想と音楽の構造との関わりについて気付く」学習の位置付け

　学習指導要領における「曲想と音楽の構造との関わりについて気付く」ことは，第1学年及び第2学年から事項イに位置付けられています。曲想や音楽の構造に児童が自然に気付くこと

ができるよう，体を動かしながら聴く活動を取り入れ，それらの動きを音楽を形づくっている要素と関連させながら鑑賞できるようにすることが大切です。ウッドブロックによる規則的な時計のリズムを，音楽に合わせてカッコカッコと指で動かすことにより，自然にリズムの変化に気付くことができます。また，後半に演奏されるトライアングルのトレモロなどを，体を動かしながら体全体で受け止めて聴くことにより，楽器の変化に気付くことができます。

3 主体的・対話的で深い学びの視点による題材構成のポイント

❶ 体を動かしながら聴く活動について，価値付けながら授業を展開する

　児童が主体的・対話的に鑑賞の活動に取り組むためには，音楽に合わせて体を動かしている児童のつぶやきや気付きを教師が積極的に取り上げ，価値付けていくことが大切です。鑑賞の活動において，聴く視点を示すことで，児童は集中して聴き，音楽の構造を，体を使いながら自然に聴き取ることができます。鑑賞中の児童の動きやつぶやきを教師が見取り，「どうしてその動きになったの」や「さっきの音色とどう変わったかな」のように問いかけることにより，児童は，自らの動きや気付きが音楽的に価値のあることを理解していきます。さらに，友達と互いの動きや気付いたこと，感じ取ったことを共有することで，対話的な学びが深まります。

❷ 場面ごとに時計の変化をイメージしながら鑑賞する

　この曲は，A（aa’ ba’）− B（cc）− A（aa’ Coda）と三部に分かれており，旋律や音色の変化が聴き取りやすい形式となっています。初めのAでは，どんな時計の様子かを，絵で表現したり，聴こえてきた音や気付きをワークシートに記入したりしていきます。さらに中間部分のBや最後のCoda部分では，新しく出てきた音や全体の旋律の流れの変化を感じ取りながら，絵や文で表していくことで，この曲のA（aa’ ba’）− B（cc）− A（aa’ Coda）となる複合三部形式に，自然と気付くことができます。

4 題材の評価規準

知識・技能	思考・判断・表現	主体的に学習に取り組む態度
知 「シンコペーテッド・クロック」の曲想と音楽の構造との関わりについて気付いている。	思 音色，リズム，拍，変化を聴き取り，それらの働きが生み出すよさや面白さ，美しさを感じ取りながら，聴き取ったことと感じ取ったこととの関わりについて考え，「シンコペーテッド・クロック」の曲や演奏の楽しさを見いだし，曲全体を味わって聴いている。	態 曲の特徴に興味をもち，体を動かして曲を聴く活動を楽しみながら主体的・協働的に鑑賞の学習活動に取り組もうとしている。

5 指導と評価の計画（全2時間）

次	○学習内容	指導上の留意事項	評価規準
	ねらい：体を動かす活動を通して、「シンコペーテッド・クロック」の曲想と音楽の構造との関わりについて気付く。		
第一次（第1時）	○楽器の音色やリズムに気を付けながらAの部分を聴き、曲の雰囲気を感じ取る。	・ウッドブロックの時計の音に注目し、様子をイメージすることができるよう、鑑賞の前に時計の音楽であることを知らせておく。 ・リズムの変化が分かるよう、ウッドブロックの音に合わせて、指をメトロノームのように動かしながら聴くよう指示を出す。	
	○A-Bを通して聴き、Bの部分の曲想や楽器の変化に着目して聴く。 ○実際にウッドブロックとトライアングルを使い、曲に合わせてリズムをとって聴く。	・トライアングルによるベルの音が聴こえたら手を振る等、Aと違う動きで聴くよう助言する。 ・楽器の音色の違いや演奏の仕方を確認するため、実際に楽器で音を出して確かめる時間を設ける。	
	ねらい：曲の特徴について気付きを深め、時計の様子をイメージしながら、演奏の楽しさを見いだし、曲全体を味わって聴く。		
第二次（第2時）	○Aの旋律を口ずさみながら聴く。	・Aの旋律を口ずさみ、指をメトロノームのように動かしながら聴き、旋律が変わったら挙手をするよう伝える。	知
	○A-Bの曲の変化を感じながら聴く。	・強弱や音色の変化が分かるよう、音楽を形づくっている要素を掲示しておき、確認しながら聴く。	
	○A-B-Aの形式に沿って、時計の様子を言葉と絵で表現する。	・A-Bで何が変わったか、ワークシートに記入できるよう配付しておく。 ・イメージを広げる為に、絵を書いたり、言葉で補足したりしてよいことを伝える。 ・A-Bの続きを想像できるよう、Bの終わりまで聴いたら曲を止める。 ・最後の結末を考えながら、グループで、考えを共有する時間を設ける。	思
	○曲の楽しさを味わいながら聴く。		態

6 本時の流れ（2／2時間）

○学習内容　・学習活動	教師の主な発問と子供の状況例	評価規準
ねらい：曲の特徴について気付きを深め，時計の様子をイメージしながら，演奏の楽しさを見いだし，曲全体を味わって聴く。		
○前時で扱ったウッドブロックとトライアングルで，リズム遊びをする。 ・音色の違いを確認する。 ・曲の中のリズムを確認する。	「曲の中に出てきたウッドブロックとトライアングルでリズム遊びをしましょう」 ・木の音色は丸くて，金属の音色ははっきりした音だね。 ・曲の途中で，カッコカッコのリズムが変わっていたね。	
○A－Bの曲の変化を感じながら聴く。 ・指でリズムをとりながら，Aの旋律を口ずさむ。 ・Bの旋律に変わったら，挙手をする。	「指でカッコカッコのリズムをとりながら歌いましょう」 ・カッコカッコのリズムが何回も出てくる。 ・途中からチリリリリーンに変わるところは，曲が盛り上がってくる。	知 発言 観察 ワークシート
○A－B－Aの形式に沿って，時計の様子を言葉と絵で表現する。 ・イメージした時計の様子を絵で自由に表現する。 ・絵で伝えにくい部分や音楽を形づくっている要素等，気が付いたことを言葉でワークシートに記入する。 ・全体に発表して，互いの思いや気付きを共有する。	「どのような様子の時計か，イメージしながら聴きましょう」 ・Aは時計が散歩しているところ。でも，時々調子が悪くなる。 ・Bは時計が忙しくなってくる。慌てすぎて何度も目覚ましの音を鳴らしてしまうんだね。	思 発言 観察 ワークシート
○最後の結末を考えながら，グループで，思いや気付きを共有する。 ・指でリズムをとったり，挙手をしたりしながら聴き，曲の終末の音色の変化に注目する。 ・絵や言葉で表現した後，グループで意見交換し，全体で共有する。 ○曲のよさを味わいながら全曲を通して聴く。	「最後，時計はどうなってしまうでしょうか。聴こえてきた音や楽器に注目して聴いてみましょう」 ・始めのAに戻ったけど，最後が違う。 ・カンカンやピヨーンという音が聴こえたよ。 ・ネジが外れて，壊れてしまったのかな。 「時計の物語を想像しながら，最後に味わって聴きましょう」	態 発言 観察 ワークシート

鑑賞

1年

7 授業づくりのポイント

❶ 授業のねらいに沿った音源を厳選する

　児童に提供する鑑賞曲は，授業のねらいに沿った音源となっていることが大切です。同じ曲でも，指揮者や演奏者によって，演奏が大きく変わります。こちらの意図としている部分が，より鮮明に聴こえているか，事前に聴いて研究しなくてはなりません。さらに，指導者が何度も曲を聴いて，教材研究を深めて，「どの視点で児童に鑑賞させるか」，「演奏を聴いたら，どのような反応・発言をするか」を予想し，授業を組み立てていく必要があります。

❷ 体の動きによって，音楽の特徴を可視化する

　本教材は，まずウッドブロックの音色とリズムが特徴的な曲です。ウッドブロックの高い音と低い音に合わせて指を振ることによって，音を可視化させます。正確に一定のリズムを刻んでいた時計の音が，時折不規則に時を刻む様子を，シンコペーションで表現することによって，児童は音楽を楽しみながら，体験を通してリズムの変化を感じ取ることができます。

　また，Bでは，ウッドブロックの音が消え，ト長調に転調し，旋律が軽やかに盛り上がっていきます。そこへトライアングルの目覚ましの音が鳴り響くため，児童は自然と，音の変化に注目し，時を刻んでいた指を，小刻みに振ったり，体を震わせたりと，初めのAとは違う動きをするでしょう。

　ここで大切なことは，ただ体を動かして終わりにするのではなく，児童が自然に体を動かしたり，動きに変化が出たりしたときには，すかさず「今一定に指で刻んでいたリズムを，どうして途中で変えたの？」「今までは左右に振っていたのに，なぜ小刻みに速く振ったの？」と問いかけることです。楽しく体を動かしていたときに，教師側から問いかけることで，児童一人一人が音色やリズムに注目し，体の動きと，聴き取った音楽を形づくっている要素を結び付けて考えるようになります。動きを価値付けていくことで，音楽を形づくっている要素に着目しながら，曲の気付きが深まっていきます。

❸ ワークシートを活用する

体を使った鑑賞をして，全体の曲の特徴を感じ取ることができたら，最後にワークシートに記入することにより，一人一人の気付きを確認することができます。特に低学年では，体で感じ取ったことを言葉や文に表現することが，難しいです。大事な言葉を選択したり，絵や文で分かりやすくまとめたりしながら，曲の流れや特徴を理解していきます。

A−B−Aの形式に沿って，時計の様子を言葉と絵で表現します。曲の想像は自由ですが，あまりにも内容がかけ離れないよう，また絵で表現しにくい部分は文で補足する等，常に音楽を形づくってい

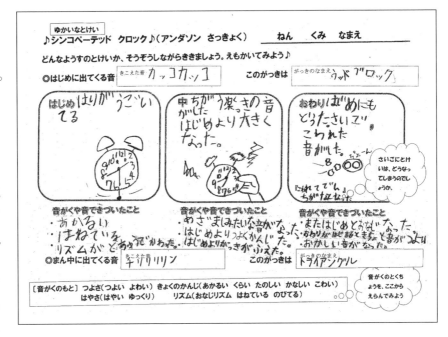

る要素を意識しながら，ワークシートを活用するとよいでしょう。

教師は，体の動き，発言，ワークシート等，様々な表現方法を通した鑑賞をする中で，児童一人一人がどう感じているかを柔軟に読み取ることが大切です。

本題材で児童が何に気付き，何を学んでいくかを考え，実態に合わせながら指導内容を焦点化し，ワークシートを作成していきます。ワークシートを活用することで，一人一人の思いが明確になり，友達の意見を共有し合い，対話的で深い学びになると考えます。

❹ 実感の伴った知識を身に付けさせる

鑑賞の学習で学んだ音楽を形づくっている要素は，他の題材で何度も出てきます。大切なことは，繰り返し掲示したり，活用したりする中で定着を図ることです。その際，実物に接したり実際に表現したりすることは有効な手立てになります。

本題材では，楽器の音色にも注目していきたいので，鑑賞と合わせて，実際の楽器を使いながら音色を聴き取ったり，曲に出てきたリズムを叩いたりするとよいでしょう。ＣＤを聴くだけでは味わえない，実際の生の音色に触れることで，実感の伴った知識の習得が実現します。

（十倍　愛）

17

きょくや えんそうの たのしさに きづいて きこう

| 学年・活動 | 第1学年・鑑賞 | 主な教材 | 組曲『くるみわり人形』より「こうしんきょく」 |

本題材で扱う学習指導要領の内容

2内容　B鑑賞　(1)鑑賞ア，イ　〔共通事項〕(1)ア

思考・判断のよりどころとなる主な音楽を形づくっている要素：音色，旋律，呼びかけとこたえ

1 題材の目標

○「こうしんきょく」の曲想と音楽の構造との関わりについて気付く。

○「こうしんきょく」の音色と旋律，呼びかけとこたえを聴き取り，それらの働きが生み出すよさや面白さ，美しさを感じ取りながら，聴き取ったことと感じ取ったこととの関わりについて考え，曲や演奏の楽しさを見いだし，曲全体を味わって聴く。

○「こうしんきょく」の旋律や楽器の音色の特徴に興味をもち，演奏のまねをしたり旋律に合わせて体を動かしたりするなどの音楽活動を楽しみながら主体的・協働的に鑑賞の学習活動に取り組む。

2 題材の特徴と学習指導要領との関連

❶ 本題材で扱う教材「こうしんきょく」の特徴

　この曲は，チャイコフスキー作曲の組曲「くるみわり人形」第2曲に収められており，ト長調，4分の4拍子，A－B－A－C－A－B－Aのロンド形式で構成されています。金管楽器によるファンファーレのような旋律と，弦楽器による弾むような旋律が交互に演奏され，音色の違いや旋律の特徴が生み出す曲の楽しさに気付くことができます。また細かいリズムの旋律や，副次的な旋律として弦楽器が特徴的に重なる部分では，曲想と音楽の構造との関わりについて考えることができます。短い曲の中に様々な要素が盛り込まれており，曲全体を味わって聴いたり，曲想と音楽の構造との関わりに気付いて聴いたりすることに適した教材といえます。

❷ 低学年での鑑賞の活動の位置付け

　学習指導要領では，第1学年及び第2学年の目標に，「曲や演奏の楽しさを見いだし，曲全体を味わって聴くこと」が示されています。児童が「音楽を聴くことが好き」と思えるようにするために，低学年のうちから，曲全体を味わい，体を動かしながら，楽しさを感じ取っていく活動を積み重ねていくことが重要です。

3　主体的・対話的で深い学びの視点による題材構成のポイント

❶ 自ら曲や演奏の楽しさを見いだし，気付いたことや感じ取ったことを共有する

　教師は児童に対し，なぜそのような動きをしたのか，どうしてそう思ったのか常に問い返し，その発言を基に音で確認し，全体で共有していきます。「繰り返している！」「ヒュ～って聴こえた！（盛り上がっている）」などの聴いている最中の小さなつぶやきや，指揮をしたり体を揺らしたり，旋律を口ずさんだりするような児童の反応も逃さぬよう常に観察を行い，そのことを全体化し価値付けていくことも大切です。

　また，一問一答で教師が答えるのではなく，「それってどういうこと？」「同じことに気が付いた人，もう一度言えるかな」などと問い返し，児童の発言をつなげていきます。そうすることで主体的で対話的な学びが生まれ，一度聴いただけでは気が付かなかった児童も，トランペットとバイオリンが交互に演奏されていることに気付いたり，「二つの楽器がお話しているみたい」と感じたりすることができます。さらに，その発言を受けて，「お話しているみたいだけど，二つの旋律の感じは違って，バイオリンは低い音から高い音になっているよ」のように，新たな気付きが生まれたり，新たな感じ方を発見したりすることができます。

❷ 常に音に立ち返りながら授業を展開する

　鑑賞における深い学びの実現のために最も大切なことは，「何度も聴き味わうこと」です。発言をつなげることはもちろん大切ですが，その根拠を音楽の中に見いだし，常に音で確認する活動を行うからこそ，音楽科で育成を目指す資質・能力が育まれていきます。低学年の教科書教材を見ると，音楽の構造が分かりやすい鑑賞曲が多く，なおかつ親しみやすく短い曲を選択することが多いので，授業の中で何度も聴くことができるというよさがあります。たとえ全曲を通して聴くことが数回しかできなかったとしても，児童の発言に関わる一部分を掘り下げて何度も聴き深めていくことはできます。❶でも触れたように，児童の発言を受けて再度聴き返し，友達の気付きや感じ方を確認し，そのよさを共有していくことが大切です。

4　題材の評価規準

知識・技能	思考・判断・表現	主体的に学習に取り組む態度
知 「こうしんきょく」の曲想と音楽の構造との関わりについて気付いている。	思 「こうしんきょく」の音色，旋律，呼びかけとこたえを聴き取り，それらの働きが生み出すよさや面白さ，美しさを感じ取りながら，聴き取ったことと感じ取ったこととの関わりについて考え，曲や演奏の楽しさを見いだし，曲全体を味わって聴いている。	態 「こうしんきょく」の旋律の特徴に興味をもち，音楽活動を楽しみながら主体的・協働的に鑑賞の学習活動に取り組もうとしている。

鑑
賞
…
1
年

5 指導と評価の計画（全2時間）

次	○学習内容	指導上の留意事項	評価規準
	ねらい：音色や旋律の特徴を捉えながら，曲全体を味わって聴く。		
第一次（第1時）	○曲全体を通して聴く。 ○気が付いたことを話し合ったり，体を動かしたりしながら音楽を聴いて確かめる。 ○曲を聴いて楽しいと思ったところを学習カードに書く。 ○共有したことを確認しながら，曲の楽しさを味わって聴く。	・自由な発想で聴き味わうために，曲名は第2時の最後に伝えるようにする。 ・音色の違いに気付きやすくするために，トランペットとバイオリンの写真を用意し掲示する。 ・旋律の特徴を捉えやすくするために，図形楽譜を用意する。 ・学習カードに「楽器の音に注目してこの曲の楽しいところを伝えよう」と記載し，何に気付いたり感じ取ったりすべきだったのかを明確にし，児童が本時の学習を振り返りながら記入できるようする。 ・知覚と感受を結び付けて確認できるように，気付いたことを「発見」，感じ取ったことを「感想」とし，上下に分けて板書する。	知
（第2時）	○前時の学習を振り返る。 ○曲全体を通して聴く。 ○旋律の変化を考えながら，曲の楽しさを考えて曲全体を聴く。 ○曲を聴いて楽しいと思ったところを学習カードに書く。 ○共有したことを確認しながら，曲の楽しさを味わって聴く。	・前時に聴き取ったトランペットとバイオリンの主旋律の特徴について振り返ることができるように，板書を残しておく。 ・Cの部分は速度の変化ではなく，フルートなどによる細かいリズムの旋律の演奏による曲想の変化だと気付くように指揮をしながら聴かせる。 ・曲の後半を取り上げ，主旋律に副次的な旋律が重なることによる曲想の変化を感じ取るようにする。	思 態

6 本時の流れ（2／2時間）

○学習内容　・学習活動	教師の主な発問と児童の状況例	評価規準と評価方法
ねらい：音色や旋律の特徴を捉えながら，曲全体を味わって聴く。		
○前時の学習を振り返る。 ・トランペットとバイオリンの写真で確認する。 ・冒頭を聴き図形楽譜を見ながら，主旋律を口ずさむ。	「前回何の楽器の旋律を聴き比べたか覚えていますか」 ・トランペット！　・バイオリン！ 「どんな旋律が聴こえてきたかな」 ・バイオリンは弾んでいたよ。低い音から高い音に動いていたね。 ・トランペットは跳ねていたよ（休符があることへの気付き）。	
○曲全体を通して聴く。	「前回，トランペットとバイオリンの二つの旋律を聴き取りました。今日は曲全体を通して気が付いたことを教えてください」	
○旋律の変化を考えながら，曲の楽しさを考えて曲全体を聴く。 ・指揮をしたり，拍打ちをしたりしながら，聴く。 ・曲全体の特徴（強弱の変化など）に気付いて聴く。	「（Cの部分での体の動きに注目して）なぜこんな動きをしていたのかな」 ・真ん中の辺りで速くなった？ 「真ん中の部分を，指揮をしながら，聴いてみよう」 ・音が細かくなったよ。 ・最後の方で，低い音から高い音にヒューって上がる音が聴こえた（下から上に手を動かす）。 ・未来に行く感じがする!! ・最後の方が激しい感じだった。	
○曲を聴いて楽しいと思ったところをワークシートに書く。	「曲全体を聴いて，特に心に残ったことを書きましょう」 ・曲の真ん中が，激しい感じがして面白い。どうしてかというと，強くなったり弱くなったりしていたから。 「（発言できなかった人も）心の中にある発見や感想をまとめてみよう」	思 発言 観察 ワークシート
○共有したことを確認しながら，曲の楽しさを味わって聴く。 ・曲名と作曲者を知り，全曲を通して聴く。	・最後が楽しかった。理由は，トランペットと一緒に，ヒューって上がっていく音が聴こえたから。	態 発言 観察 ワークシート

鑑賞 ‥‥ 1年

7 授業づくりのポイント

❶ 視覚的な資料を効果的に活用する

本題材で気付いてほしい音楽の構造は，「トランペットとバイオリンが交互にそれぞれの旋律を演奏すること」です。1年生では，トランペットやバイオリンという楽器名などの知識や，二つの音色の細かな違いに気付くことについて詳しく教える必要はありません。

トランペット

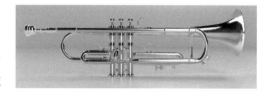

大切なのは，二種類の音色が交互に聴こえてくる事に気付き，「会話しているような感じ」「追いかけっこしているみたい」など，聴き取ったことをもとに感じ取ったことを広げていくことです。バイオリンやトランペットなどの写真や実物をで

バイオリン

きるだけ提示することにより，楽器同士の呼びかけとこたえのイメージをもちやすくなります。すると児童は，バイオリンやトランペットの演奏の仕方をまねて，曲を聴くようになります。

また，音の上がり下がりなど旋律の動きを視覚的に捉えるために，図形楽譜の活用も効果的です。図形楽譜の旋律の動きを追いながら，旋律の特徴をつかむこともできますし，体の動きで表すこともできます。低学年では，視覚的な情報を最大限に活用することが，その後の鑑賞の活動において，主体的な学びを実現させていくためにも大切です。

❷ 児童の発言を基に授業を組み立てる

児童が主体的に鑑賞の活動に取り組むためには，気が付いたことや感じ取ったことを，クラス全体で共有し，そこから学習を広げていくことが大切です。言葉でつなげていくということだけではなく，一人の児童の発言を受けて，その発言を必ず音で確認し，たくさんの児童が同じ音楽を形づくっている要素に気が付くよう支援することが大切です。

教師は，児童の発言を受けてすぐにその音楽の部分を取り上げることができるよう，授業前に曲を何度も聴き，教材研究を深めておきます。頭出しがスムーズにできるような音源を用意しておくことも大切な準備の一つです。そして，教師が気付き感じたことに児童が自ら気付くようになるためには，どのように発問をしたらよいのかを考え，児童の反応を予測し，授業を組み立てていきます。教材研究によって，この曲で感じ取ってほしい曲想や気付いてほしい音楽の構造を明確にした上で，児童の反応をどれだけ予測できるかが，児童の発言を基に授業を組み立てる一番のポイントです。また，教師が板書に分かりやすくまとめていくことも大切な手立てとなります。児童は板書を見ながら，自分では気付かなかった音楽の構造に気が付いたり，同じ音楽の構造から感じ取る曲想が様々だということを確認したりすることで，自ら学び

を深めていくことができます。

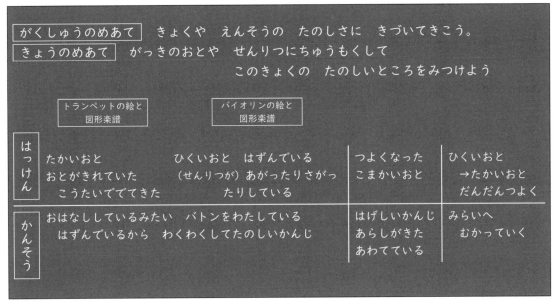

板書（第2時）の例

❸ 指導すべき内容が聴き取りやすい音源を選ぶ

　教師は事前に音源を聴き比べ，児童に聴き取ってほしい音楽の構造がよりはっきりと分かるものを選択することが大切です。今回は，トランペットとバイオリンで交互に演奏される主旋律を必ず聴き取ってほしいという教師の意図に沿って，一つ一つの楽器の音が鮮明に聴こえる比較的新しい音源を選択しました。また，指揮者によって演奏の速度も違いましたので，自分が感じ取らせたい曲想をイメージできる速度の演奏を選びました。教師が感じ取ってほしい曲想や気付いてほしい音楽の構造を明確にした上で，音源を選ぶことが，主体的な学びにつながっていくと考えられます。

❹ 体を動かす活動を多く取り入れる

　「曲に合わせて体を動かしてごらん」といきなり声をかけても，ほとんどの児童は戸惑ってしまいます。何となく動くのではなく，曲に合わせて感じたことを体で表現することができるようにするためには，鑑賞の時間だけではなく，日々の授業の中で体を動かす活動を多く取り入れることが大切です。例えば，授業の最初の5分間を活用し，強弱や速度など，児童が分かりやすい音楽を形づくっている要素が特徴的な曲を聴き，それに合わせて体を動かす活動を取り入れます。教師が簡単な曲をピアノ等で演奏し，児童のよい動きを取り上げながら価値付けることも大切です。このような活動を積み重ねることによって，自由な発想のもと，要素に合った動きを楽しむ児童の姿が，多く見られるようになります。

（西尾　暢子）

18

2びょうしの はくの まとまりを かんじとろう

学年・活動 第2学年・鑑賞　　**主な教材** 「トルコこうしんきょく」

本題材で扱う学習指導要領の内容

2内容　B鑑賞　(1)鑑賞ア，イ　〔共通事項〕(1)ア

思考・判断のよりどころとなる主な音楽を形づくっている要素：旋律，強弱，拍，反復，変化

1 題材の目標

○「トルコこうしんきょく」の曲想と音楽の構造との関わりについて気付く。

○旋律，強弱，拍，反復，変化を聴き取り，それらの働きが生み出すよさや面白さ，美しさを感じ取りながら，聴き取ったことと感じ取ったこととの関わりについて考え，「トルコこうしんきょく」の曲や演奏の楽しさを見いだし，曲全体を味わって聴く。

○曲の特徴に興味をもち，手拍子を打ったり体を動かしたりして，聴く楽しさを感じながら主体的・協働的に鑑賞の学習活動に取り組む。

2 題材の特徴と学習指導要領との関連

❶ 本題材で扱う教材「トルコこうしんきょく」の特徴

　「トルコこうしんきょく」は，ベートーベンの作品です。祝祭劇「アテネの廃虚」のために作曲された付随音楽の中の1曲で，劇中，トルコ軍が入場してくる場面で演奏されます。行列が遠くから近づいてきた後，再び遠ざかっていく様子が，強弱の変化によって見事に表現されています。

　本教材は，主に二つの旋律が繰り返し出てきます。始めは「トルコこうしんきょく」の特徴となる♪♪｜♪♪｜♪♪｜♪♪‖のリズムが繰り返されていますが，途中から，このリズムと合わない音楽が現れます。変化する曲の面白さや，強弱や反復の構成に気付き，2拍子を感じ取りながら鑑賞することに適した曲であると言えます。

❷ 「曲想と音楽の構造との関わりについて気付く」学習の位置付け

　「曲想と音楽の構造との関わりについて気付くこと」は，第1学年及び第2学年から，知識に関する資質・能力として，事項イに位置付けられています。

　前打音やスタッカートによる歯切れのよさが特徴となっている旋律と，3小節ごとに強弱による表現の変化が現れる旋律が交互に現れます。拍を感じながら鑑賞することで，旋律に変化があっても，拍は一定であることに気付くことができます。手拍子を入れたり体を動かしたりしながら，表現の仕方を変え，曲の感じに合ったリズムの打ち方を工夫していくとよいです。

3 主体的・対話的で深い学びの視点による題材構成のポイント

❶ 体を動かしながら聴く活動を通して，自然と拍を感じ取れる授業を展開する

　児童が主体的・対話的に鑑賞の活動に取り組むためには，音楽に合わせて体を動かす中で，「どうしてその動きになったの」「はじめと比べて強弱がどう変わったかな」などと問いかけることが大切です。曲に対してなぜその動きになったのか，一人一人が考えることによって，音楽を形づくっている要素の働きに気付くことができます。また，児童のつぶやきや気付きを教師が積極的に取り上げていくことで，児童は自らの動きや気付きが音楽的に価値のあることを理解し，自信をもって学びを深めていこうとする態度形成にもつながります。

❷ 場面ごとに行進する様子の変化をイメージしながら鑑賞する

　この曲は　A（aa' ba'）-B（cdc' d'）-A（aa' ba'）と三部に分かれており，旋律やリズム，強弱の変化が聴き取りやすいという特徴をもっています。

　始めのAでは，何度も反復する旋律が強弱を変えて演奏されているところから，誰がどのように行進しているかを，絵で表現したり，聴こえてきた音や気付きをワークシートに記入したりしていきます。

　中間部分のBでは，旋律やリズムが変わり，強弱が p から f に交互に変わっていくところから，新たな行進の様子を想像することができます。最後に出てくるAは始めに出てくるAと，強弱が異なります。旋律の流れの変化を感じ取りながら，絵や文で表していくことで，音楽的な見方・考え方を働かせて，曲想と音楽の構造との関わりに気付いたり，曲や演奏の楽しさを見いだしたりして，曲全体を味わって聴く学習の深まりが期待できます。

4 題材の評価規準

知識・技能	思考・判断・表現	主体的に学習に取り組む態度
知 「トルコこうしんきょく」の曲想と音楽の構造との関わりについて気付いている。	思 旋律，強弱，拍，反復，変化を聴き取り，それらの働きが生み出すよさや面白さ，美しさを感じ取りながら，聴き取ったことと感じ取ったこととの関わりについて考え，「トルコこうしんきょく」の曲や演奏の楽しさを見いだし，曲全体を味わって聴いている。	態 曲の特徴に興味をもち，手拍子を打ったり体を動かしたりして，聴く楽しさを感じながら主体的・協働的に鑑賞の学習活動に取り組もうとしている。

5 指導と評価の計画（全2時間）

次	○学習内容	指導上の留意事項	評価規準
第一次（第1時）	**ねらい**：曲に合わせて体を動かしながら，「トルコこうしんきょく」の特徴に興味をもって聴く。		
	○旋律や拍に気を付けながらAを聴き，曲の雰囲気を感じ取る。 ○Aを聴きながら，拍に合わせてリトミックスカーフを振る。 ○［2拍子∨・3拍子△・4拍子□］の中から，曲に合う形を選んで振る。 ○曲に合わせて行進しながら聴く。	・リトミックスカーフを用意しておき，曲に合わせて初めは自由に振るよう伝える。 ・旋律や，拍の特徴を感じ取っている児童に注目し，全体の前で発表する場を設ける。 ・曲に合う形が見えてくるよう，強拍はどこか考えながら聴くよう伝える。 ・強拍が感じ取れるよう，手拍子をしながら聴く活動を入れる。 ・強弱に変化があることに注目できるよう，曲を聴きながら足音を立てないよう行進する。	
第二次（第2時）	**ねらい**：曲想と音楽の構造との関わりに気付き，様子を思い浮かべながら，曲や演奏の楽しさを見いだし，曲全体を味わって聴く。		
	○A−Bの曲の変化を感じながら聴く。 ○リトミックスカーフで拍をとり，AからBの旋律に変わったら，挙手をする。 ○A−B−Aの形式に沿って，スカーフを使いながら全体を通して聴く。 ○強弱に合わせて，誰がどのように行進しているか，様子を思い浮かべながら聴く。 ○絵や言葉で表現した後，グループで音楽の特徴から想像したことについて意見交換し，全体で共有する。 ○曲全体を味わって聴く。 ○学んだことを振り返る。	・Aの旋律を口ずさみながら聴くことによって，Bの旋律に変わったことを知る。 ・A−Bの旋律を覚え，最後はどの旋律が来るかを予想するようにする。 ・Bの強弱が交互になることに気付けるよう，繰り返し聴くようにする。 ・初めと最後のAでは，強弱に違いがあることに注目できるようにする。 ・友達の意見を取り入れながら，自分が音楽の特徴から想像したことを確認する場を設ける。 ・全体で発表し，よい気付きや様子を想像できた児童を称賛する。 ・聴いている児童に温かい目線を向ける。	知 思 態

6 本時の流れ（2／2時間）

○学習内容　・学習活動	教師の主な発問と子供の状況例	評価規準
ねらい：曲想と音楽の構造との関わりに気付き，様子を思い浮かべながら，曲や演奏の楽しさを見いだし，曲全体を味わって聴く。		
○前時の活動の振り返りをする。 ・拍についての確認をする。 　［2拍子∨・3拍子△・4拍子□］ ・リトミックスカーフを使って，Aの部分を鑑賞する。 ・2拍子のまとまりを感じながら聴く。	「トルコこうしんきょくは，どの形がピッタリでしたか。スカーフを使って確認しましょう」 ・強い音を意識すると，形が分かるね。 ・2拍子∨・3拍子△・4拍子□の形だったね。	
○A−Bの曲の変化を感じながら聴く。 ・リトミックスカーフで拍をとりながら，Aの旋律を口ずさむ。 ・Bの旋律に変わったら，挙手をする。 ・Bの旋律の強弱を変えて，スカーフで振りながら聴く。	「この曲には続きがありました。曲が変わったなと思うところで手を挙げてください」 ・初めの旋律と違う旋律が出てきた。 ・強さが急に変わったよ。	
○A−B−Aの形式に沿って，リトミックスカーフを使いながら1曲通して鑑賞する。 ・拍を意識して鑑賞する。 ・強弱を意識して鑑賞する。	「曲に合わせてスカーフを振って，歩きながら聴きましょう」 ・2拍子∨は行進しているみたいだね。 ・途中，行進の形が変わるよ。	知 発言 観察 ワークシート
○様子を思い浮かべながら，鑑賞する。 ・強弱に合わせて，誰がどのように行進しているか，様子を思い浮かべながら聴く。 ・絵や言葉で表現した後，音楽の特徴から想像したことについてグループで意見交換し，全体で共有する。	「トルコこうしんきょくを聴き，誰がどのように行進しているか，様子を思い浮かべながら聴きましょう」 ・ずっと1・2・1・2と聴こえるから，兵隊さんがそろって行進しているみたいだね。 ・真ん中の場所では，急に弱くなるから，小人が静かに歩いているね。 ・強いところは，象が歩いている。	思 発言 観察 ワークシート
○1曲を通して，曲や演奏の楽しさを味わいながら聴く。 ○学んだことを振り返る。	「誰がどのように行進しているか，様子を思い浮かべながら，最後に味わって聴きましょう」	態 発言 観察 ワークシート

鑑賞……2年

7 授業づくりのポイント

❶ 聴く視点をしぼる

　児童に聴く視点を与えず鑑賞すると，様々な音楽を形づくっている要素が耳に入ってきてしまうため，音楽の構造や曲の楽しさの学習が拡散してしまいます。

　鑑賞する前に「今日はこの曲の拍を意識して鑑賞しましょう」「強弱が変わったところで手を挙げてください」等，あらかじめ，どの音楽を形づくっている要素を聴くのか，児童に伝えておくことが大切です。視点を与えることで，児童は，その音楽を形づくっている要素に注目しながら聴くことができます。これは共通の客観的な視点になります。

　教師側は，その曲の特徴がより分かりやすい音源を探したり，何度も繰り返し聴いたりすることで，どのように指導していったらよいかを考えて，授業を組むことが大切です。初めから最後まで通して聴くばかりではなく，短く切って何度も聴かせることで，その曲の特徴が見えて，変化の面白さを感じ取りやすくなります。

　しかし，視点に沿って聴かせてばかりいると，要素ばかりに気をとられてしまい，音楽自体がもつ面白さやよさを感じ取ったり，イメージを膨らませて聴いたりすることが弱くなってしまいますので，客観的な特徴と感じ取った曲の表情や雰囲気などをしっかりと関連付けることが大切です。そして，授業の最後は全員がじっくり曲全体を味わって聴くようにします。

❷ リトミックスカーフを活用する

　本教材では，まず拍を感じながら聴くことに焦点化し，始めは，この曲が何拍子なのかを一人一人に考えさせます。

　そのときに有効的なのが，リトミックスカーフです。リトミックスカーフは柔軟性が高く，拍を刻んだり，旋律に合わせて振ったり，強弱に合わせて振り方を変えることができます。

　２年生には何拍子とは教えず，「曲に合わせて振ったら，どんな形になった？」と問いかけます。２拍子はV，３拍子は△，４拍子は□とし，まずは自由にそれぞれの形を振ってみます。リトミックスカーフを使うと，どのように曲を感じているのかが，自分自身も，見ている側も分かってきます。悩んでいる児童には，「曲の中で強い部分はどこかな」と問いかけることで，拍を感じながら聴くようになります。さらに，手拍子をしたり足踏みをしながら聴いたりすることも効果的です。

　楽しく体を動かす活動の中で，教師から問いかけることで，児童一人一人が音色や拍に注目し，体の動きと，聴き取った音楽を形づくっている要素とを結び付けて考えるようになります。児童の動きを価値付けていくことで，音楽を形づくっている要素の働きを感じ取ることができ

るようになり，曲への理解が深まっていきます。

❸ 体の動かし方の変化に着目する

　リトミックスカーフを振りながら何度も鑑賞をしていると，児童の振り方に変化が出てきます。「1・2，1・2」と2拍子を感じ取りながら振っていると，次第に振り方が大きくなったり，小さくなったりする様子が見られます。そのときが児童の考えるポイントです。すかさず「どうして振り方が大きかったり小さかったり，変わっていくのかな」と問いかけることで，今まで自然に楽しく拍を刻んでいた体の動きと，強弱の変化とを結び付けることができます。

　さらに，実際に行進をしながら聴く活動を取り入れることで，はじめのAでは，小さく行進する様子から，大きく行進する様子に変化していきます。「どのように行進しているのでしょうね」と，問いかけることで，児童は「遠くからだんだん行進が近づいてくる様子」や「始めは一人だったけれど，人数が増えてくる」など，イメージをもって鑑賞することができます。

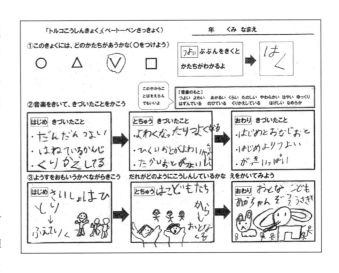

　言葉や文字で，自分の考えをうまく伝えにくい低学年では，体を動かす活動から，進んで動きを考え，動きを通して友達の考えと対話し，イメージを広げていくことが，深い学びへとつながります。

❹ 常時活動の中に「聴く」環境を整備する

　低学年では，音楽を聴いて，感じ取ったことなどを発表したり，言葉で書いたりすることは，慣れていないとスムーズにいきません。以下のポイントで「聴く」環境を整えていきましょう。

・語彙力を高めるために，音楽を形づくっている要素を掲示し，いつでも使えるようにしておくこと。

・鑑賞曲以外にも，普段扱う曲から感じたことを伝え合う場を設けたり，曲の中の特徴のある部分のみを聴かせたりして，意見を交換する場を設定すること。

・「聴く」時間を短く設定する，曲想が変わるタイミングで曲を切り，同じ場所を何度も繰り返し聴くようにする，などして，集中して聴ける手立て工夫すること。

・普段話すときや，音楽を聴くとき，友達の演奏を聴くときなど，「聴く」場面では，姿勢を整え，心を落ち着かせ，最後まで「聴く」習慣を大切に指導していくこと。

（十倍　愛）

鑑賞

2年

19

がっそうの 楽しさを かんじながら きこう

| 学年・活動 | 第2学年・鑑賞　主な教材 「エンターテイナー」

本題材で扱う学習指導要領の内容

2内容　B鑑賞　(1)鑑賞ア，イ　〔共通事項〕(1)ア

思考・判断のよりどころとなる主な音楽を形づくっている要素：音色，旋律，呼びかけとこたえ

1 題材の目標

○「エンターテイナー」の曲想と音楽の構造との関わりについて気付く。

○「エンターテイナー」の音色，旋律，呼びかけとこたえを聴き取り，それらの働きが生み出すよさや面白さ，美しさを感じ取りながら，聴き取ったことと感じ取ったこととの関わりについて考え，曲や演奏の楽しさを見いだし，曲全体を味わって聴く。

○「エンターテイナー」の楽器の音色の特徴に興味をもち，音楽活動を楽しみながら主体的・協働的に鑑賞の学習活動に取り組む。

2 題材の特徴と学習指導要領との関連

❶ 本題材で扱う教材「エンターテイナー」の特徴

　本教材の「エンターテイナー」は，スコット・ジョプリンによって作曲されました。もともとはピアノのためのラグタイムというジャンルであり，シンコペーションのリズムが特徴的です。動きの多い特徴的な旋律と，呼びかけとこたえの部分が分かりやすい構成になっています。本題材では，管楽器による演奏を取り上げています。

❷ 合奏の楽しさを感じながら聴く活動

　学習指導要領で示されている　鑑賞イの「曲想と音楽の構造との関わりについて気付くこと」は，第1学年及び第2学年より示されており，曲の雰囲気や表情，味わいと音楽の構造の関わりを捉えることが大切です。

　本教材である「エンターテイナー」は，音色や旋律，呼びかけとこたえを中心として聴くことによって，曲の楽しさに気付くことができるように設定しています。例えば，「呼びかけとこたえの部分がAの楽器とBの楽器がお話しているようで，楽しい」など，曲想と音楽の構造との関わりに気を付けて聴くことができるような学習活動を計画していくことが大切です。

3 主体的・対話的で深い学びの視点による題材構成のポイント

❶ いろいろな楽器に興味をもって聴く

　児童が主体的に鑑賞の学習に取り組むためには，「この曲の特徴や楽しいところを見付けたい，もっと聴きたい」という意欲を高める工夫が必要です。初めて聴くときに教科書を見せ，いろいろな楽器が出てくる曲であることを紹介するだけでなく，「どんな楽器が出てくるかな」「いろいろな楽器が出てくるから聴いてみよう」と声をかけ，楽器に注目することで楽しさを見いだすことができるようにすると，自ら興味をもって聴くことができるようになります。

❷ 体を動かして聴き，音楽と「対話」する

　鑑賞の活動において，特に低学年は，体を動かすことで，曲の特徴に気付いたり，曲の楽しさを見いだしたりすることができます。はじめは「曲に合わせて体を動かそう」と声をかけたり，呼びかけとこたえに気付かせるために，クラスを呼びかけ役とこたえ役の半分に分け，自分の旋律が出てきたら，立つなどの活動を取り入れると，曲の特徴に気付いたり，曲の楽しいところに気付いたりします。意図的に体を動かす活動を取り入れることが大切です。

❸ 話し合う場面を設定することで，深い学びにつなげる

　音楽を聴いて，気付いたことを友達と伝え合う活動を取り入れることで，自分の学びが広がったり深まったりします。例えば，曲を聴いたとき，同じ楽器で演奏されていると思っている児童が，「途中で違う楽器が出てきたよ」という友達の発言により，改めて音色に気を付けて音楽を聴くことで，「この曲は途中で違う楽器が出てくる曲」ということに気付くようになります。教師は「途中で楽器が変わると，お話しているみたいに聴こえるね」などのように，児童の思考が深まっていく姿を価値付けていくようにします。

4 題材の評価規準

知識・技能	思考・判断・表現	主体的に学習に取り組む態度
知 「エンターテイナー」の曲想と音楽の構造との関わりについて気付いている。	思 「エンターテイナー」の音色，旋律，呼びかけとこたえを聴き取り，それらの働きが生み出すよさや面白さ，美しさを感じ取りながら，聴き取ったことと感じ取ったこととの関わりについて考え，曲や演奏の楽しさを見いだし，曲全体を味わって聴いている。	態 いろいろな楽器の音色の特徴に興味をもち，音楽活動を楽しみながら主体的・協働的に鑑賞の学習活動に取り組もうとしている。

鑑賞 2年

5 指導と評価の計画（全2時間）

次	○学習内容	指導上の留意事項	評価規準
第一次（第1時）	ねらい：「エンターテイナー」の音色と感じ取ったこととを関わらせながら聴く。		
	○曲全体を聴く。	・曲名，作曲者を紹介するとともに，教科書を見て，楽器が出てくる合奏の曲であることを知らせる。	
	○気付いたことや感じ取ったことを話し合い，めあてを確認する。	・音色による気付きだけでなく，感じ取ったこともたくさん出てくるように，意見交換する時間を十分に確保する。	
	○楽器の音色に着目しながら，曲全体を聴く。	・楽器の音色についての発言が出てきたら，全体に問い返し，音楽を聴いて確認する。 ・楽器によって音色の特徴が違うことを捉える。	
第二次（第2時）	ねらい：「エンターテイナー」の音色や旋律，呼びかけとこたえの特徴に気付き，曲全体を味わって聴く。		
	○前時を思い出し，曲全体を聴く。 ○前時で出された旋律に関する内容を取り上げながら，旋律の特徴に気を付けて聴く。	・旋律を口ずさみながら，特徴を気付くことができるようにする。 ・旋律の特徴を表している児童の気付きを全体に伝える。	知
	○旋律が呼びかけとこたえのようになっている部分を確認しながら聴く。	・呼びかけとこたえと曲想との関わりに気付くようにするために，学級を旋律AとBの二つのグループに分け，旋律を口ずさみながら，それぞれの旋律が聴こえてきたところで立つ活動を取り入れる。	
	○曲全体を味わって聴く。	・聴き取ったことと感じ取ったことを結び付けて発言したり，書いたりすることができるように，例を示す。	思
	○学習を振り返り，学習カードに書く。		態

6 本時の流れ（2／2時間）

○学習内容　・学習活動	教師の主な発問と子供の状況例	評価規準と評価方法
ねらい：「エンターテイナー」の音色や旋律，呼びかけとこたえの特徴に気付き，曲全体を味わって聴く。		
○前時を思い出し，曲全体を聴く。 ・曲全体を聴いて，聴いたことや感じたことを話し合う。	「前の時間に○○さんが気付いた違う楽器が出てきたというところに注目して聴きましょう」 ・ゆかいな感じがしました。 ・途中で違う楽器が出てきました。	
○前時で出された旋律に関する内容を取り上げながら，旋律の特徴に気を付けて聴く。 ・主旋律を口ずさみ，出てくる旋律を確認する。 ・旋律を口ずさみながら聴く。	「どのような旋律が聴こえましたか」 ・♪タラタタラッタタッターという旋律が聴こえました。 ・その後，チャチャ　チャチャチャチャーチャチャチャーという旋律が聴こえました。	
○旋律が呼びかけとこたえのようになっている部分を確認しながら聴く。 ・旋律AとBに学級を二つのグループに分け，それぞれの旋律が聴こえてきたところで立つ。	「クラスの半分をA，もう半分をBというグループに分けます。タラタタラッタタッターという旋律をA，チャチャ　チャチャチャチャーという旋律をBとします。自分の旋律が聴こえてきたら立ってね」 ・音楽でお話しているみたい。	知 　発言 　行動観察 　学習カード
○曲全体を味わって聴く。 ・指揮をしたり，体を動かしたりしながら聴き，感想を交流する。 ・曲全体を味わって聴いたことを学習カードにまとめる。	「最後に曲を通して聴いてみましょう」 「感想を交流するときや学習カードに書くときは，例のように，楽しかった理由も伝えましょう」 ・始めの二つの旋律が出てくるところが，仲良しの友達と面白い話をしているようで楽しかったです。 ・いろいろな楽器が出てきて，家族みんなでおしゃべりしているようで気に入っています。	思 　発言 　行動観察 　学習カード 態 　発言 　行動観察 　学習カード

鑑賞

2年

7 授業づくりのポイント

❶ 出てくる楽器を実際に見せて音を出したり，写真等を見せたりして，音色に親しむ

　この題材では，様々な楽器の音色に親しむことをねらっています。楽器の音色を全て聴き分けるということではなく，音色の特徴による曲の楽しさを見つけることがポイントです。中学年以上になると，金管楽器や木管楽器，弦楽器等の音色に着目して聴く曲を取り扱い，音色の特徴についてさらに学びます。低学年においては，楽器自体に興味をもつことが大切なので，児童が発言した楽器を実際に見せて音を出したり，音楽室にない楽器でも写真や映像等を見せたりして，音色と楽器を結び付け，興味をもって聴くことが大切です。このような活動を重ねると，演奏するまねをしながら聴く児童も出てきて，より主体的に聴くことができます。

❷ 児童の発言や気付きを板書で整理し，「見える化」（可視化）する

　児童が主体的に取り組み，楽しかったと実感を伴って気付くようにするためには，音楽という目に見えないものを「見える化」することが大切です。

　また，児童の発言や気付きを整理して板書でまとめることにより児童の思考の流れを整理することが必要です。音楽の中で「ここの部分が面白いです」と音楽の部分

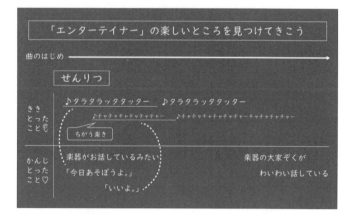

板書例「エンターテイナー」ジョプリン作曲

の説明をしたいときに，視覚的な助けがあると，どこの部分であるか，説明でき，みんなが分かります。黒板の左から右へ音楽の流れを表し，上段は聴き取ったこと，下段は感じ取ったことに分け，整理して板書し，「見える化」することが大切です。

❸ 呼びかけとこたえに気付くために「やまびこ」や，体を動かす活動を取り入れる

　児童は，音色や旋律の楽しさには比較的すぐに気付くことができますが，呼びかけとこたえにはなかなか気付くことができない場合があります。そのときには，授業の前や導入に「やまびこ遊び」を取り入れるのも一つのアイデアです。教師と児童や，子供同士でA：「やっほー」B：「やっほー」と呼びかけ合い，やまびこをする活動を事前に行っておくと，自然と呼びかけとこたえに気付くことができます。また，気付かなくてもクラスをAとBグループの半分に分け，Aの旋律とBの旋律を役割分担して「Aの旋律が聴こえてきたらAのグループの人が立って，旋律を口ずさんでね。Bの旋律が聴こえてきたらBのグループの人が立ってね」と声

をかけると，自然とAとBの旋律が呼びかけとこたえのようになっていることに気付くことができます。Aの旋律とBの旋律に役割を決めて，旋律を聴くことで呼びかけとこたえに気付き，さらに曲の楽しさに気付くことができます。

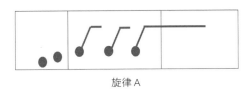
旋律A

旋律B

※教育芸術社発行『小学生の音楽2』の図を参考に，許可を得て作図したもの

❹ 聴き取ったことと感じ取ったこととを往還して学習を進める

本授業での曲を聴いた後の発言は，聴き取ったこと（知覚）に関するものが多かったのですが，音楽を形づくっている要素に気付くだけでなく，感じ取ったこと（感受）とも結び付けていくことによって，曲のよさや楽しさに気付くことができます。教師は，知覚のみを引き出すことだけにとらわれないように学習を展開することが大切です。

例えば，音色について着目している中で，「みんなでどんな楽器が出るか聴いてみよう」という発問をした後，「これは，バイオリンだ」，「いや，チェロだ」のような意見交換が見られる流れになったとします。しかしここでは，それがバイオリンの音色か，チェロの音色かを知覚することだけではなく，教師は「これはバイオリンだよ」と説明した後，バイオリンの音色はどんな感じがするかというような感受の部分を児童に尋ねてみることが大切です。児童はそこで「踊りを踊りたくなるようです」など，バイオリンの音色と感受とを結び付けるような発言をするようになります。このように，聴き取ったことと感じ取ったこととを結び付けていく〔共通事項〕アの学習が，学習指導要領の鑑賞の目標で示されている「曲想と音楽の構造の関わりについて気付く」ことにつながります。

また，学習の振り返りとして，学習カードに記入する際にも知覚と感受とを結び付けるような振り返りができるように，教師が文例を示すなどして声をかけることが大切です。

2年　音楽かんしょうカード　　2年　　くみ　名前 「エンターテイナー」　ジョプリン曲 ♪「エンターテイナー」のきょくの楽しいところをおうちの人につたえましょう。 　わたしは、「エンターテイナー」のいちばん楽しいなと思ったところは、楽きと楽きがお話ししているところです。「あそびにいこうよ。」「うん、いいよ。」と楽きがお話ししているようでした。	2年　音楽かんしょうカード　　2年　　くみ　名前 「エンターテイナー」　ジョプリン曲 ♪「エンターテイナー」のきょくの楽しいところをおうちの人につたえましょう。 　このきょくは、たくさんの楽きがでてくるところがとても楽しいです。とちゅうで楽きがかわるので楽きと楽きが会話しているみたいです。かぞくが話しているようなところがすきなので、ぜひきいてみてください。

学習カードの例

（山田　万里）

20 3びょうしの はくの まとまりを かんじとろう

| 学年・活動 | 第2学年・鑑賞 | 主な教材 | 「メヌエット」 |

本題材で扱う学習指導要領の内容

2内容　B鑑賞　(1)鑑賞ア，イ　〔共通事項〕(1)ア

思考・判断のよりどころとなる主な音楽を形づくっている要素：リズム，旋律，拍

1　題材の目標

○「メヌエット」の曲想と音楽の構造との関わりについて気付く。

○リズム，旋律，拍（3拍子）を聴き取り，それらの働きが生み出すよさや面白さ，美しさを感じ取りながら，聴き取ったことと感じ取ったこととの関わりについて考え，曲や演奏の楽しさを見いだし，曲全体を味わって聴く。

○「メヌエット」の拍の特徴に興味をもち，音楽活動を楽しみながら主体的・協働的に鑑賞の学習活動に取り組む。

2　題材の特徴と学習指導要領との関連

❶ 本題材で扱う教材「メヌエット」の特徴

　本教材の「メヌエット」（ペツォルト作曲）は，ヨーロッパ舞曲の一つです。ゆったりした3拍子でできている点は大きな特徴です。2小節が1つの単位となってフレーズが構成されています。

　旋律は，単旋律で複雑ではないため，曲の特徴を捉えやすくなっています。また，3拍子の特徴を捉えることに適した教材であるといえます。

❷ 曲や演奏の楽しさを見いだし，曲全体を味わって聴く学習の位置付け

　学習指導要領における「曲全体を味わって聴くこと」は，第1学年及び第2学年から位置付けられ，どの学年でも指導事項として示されています。第2学年においては，第1学年で学習したことをもとに，曲や演奏の楽しさを見いだし，音楽を形づくっている要素を要に曲全体を味わって聴くことが求められています。

　「メヌエット」では，拍やリズム，旋律を中心として聴くことによって，曲の楽しさを見いだし，曲全体を味わうことが大切です。また，2拍子の「ミッキーマウスマーチ」と比較することで，拍の特徴の違いにも気付かせていくことができます。

3 主体的・対話的で深い学びの視点による題材構成のポイント

❶ 児童のつぶやきや発言を取り上げ，全体で共有し，問い返しながら授業を展開する

　児童が主体的に学習に取り組むためには，教師が教えたいことをただ伝えるのではなく，児童の思いや気付きを生かしながら，授業を展開していくことが大切です。

　曲を聴いて気付いたことを問いかけることで，児童が「もっと聴いてみたい」，「もう一回聴かせて」と思うきっかけになったり，「みんなはどう？」と問い返したりすることで，「〇〇さんが〜と言っていたけど，そうかな。音楽を聴いて確かめたいな」と思うようになり，学習に積極的に取り組むようになります。

❷ 曲を聴いて，気付いたことや感じ取ったことを全体で共有する場面を設定する

　鑑賞の活動において，聴く活動は個人的な営みですが，他者と話し合う場面を設定することで，自分の考えが明確になったり，友達の意見を聴くことで自分の考えが広がったり深まったりします。したがって，授業の中で話し合う場面を適宜設定することが大切です。曲を聴いた後に，児童が気付いたことを「みんなも気付いた？」と教師が問い返すと「そうだったかな。もう一度聴いてみたい」と，新たな気付きを得て，それを全体で共有することにつながり，対話的な学びが深まっていきます。

❸ 曲全体を味わって聴き，学習カードに書くことで，思考を整理し，メタ認知する

　「曲全体を味わって聴く」ということは，曲や演奏の楽しさについて考えをもち，曲全体を聴き深めることです。リズム，旋律，拍等の音楽を形づくっている要素を聴き取り（知覚），どう感じたのか（感受）ということを関連付けながら聴くことが大切です。自分なりに楽しいところを見つけて聴くためには，音楽を形づくっている要素の知覚だけではなく，感受も織り交ぜながら，考えることが大切です。そのために，低学年においても，負担がないように配慮しながら，適宜，書く活動を取り入れると，思考が整理され，深い学びにつながります。

4 題材の評価規準

知識・技能	思考・判断・表現	主体的に学習に取り組む態度
知 「メヌエット」の曲想と音楽の構造との関わりについて気付いている。	思 「メヌエット」のリズム，旋律，拍を聴き取り，それらの働きが生み出すよさや面白さ，美しさを感じ取りながら，聴き取ったことと感じ取ったこととの関わりについて考え，曲や演奏の楽しさを見いだし，曲全体を味わって聴いている。	態 「メヌエット」の拍の特徴に興味をもち，音楽活動を楽しみながら主体的・協働的に鑑賞の学習活動に取り組もうとしている。

鑑賞

2年

5 指導と評価の計画（全1時間）

次	○学習内容	指導上の留意事項	評価規準
第一次（第1時）	**ねらい**：リズム，旋律，拍について，聴き取ったことと感じ取ったこととの関わりについて考え，知識を得たり生かしたりしながら，曲の楽しさを見いだし，曲全体を味わって聴く。		
	○曲全体を聴く。	・曲名と作曲者を紹介し，「メヌエット」が踊りの曲であることも伝える。	
	○気付いたことや感じ取ったことを話し合い，めあてを確認する。	・児童から出た発言を，聴き取ったこと（知覚）と感じ取ったこと（感受）に分けて板書にまとめる。	
	○拍の特徴を聴き取る。	・拍を聴き取るために，拍に合わせて手拍子をしたり拍打ちをしたりするように声をかける。 ・拍の特徴をつかむために，以前学習した「ミッキーマウスマーチ」と比較するように促す。	知
	○旋律やリズムの特徴を聴く。	・旋律やリズムを聴き取るために，リズムに合わせて手拍子をしたり，旋律を口ずさんだりする。	
		・音楽を形づくっている要素を聴く順番は，児童の気付きに合わせて，臨機応変に変えていくようにする。	思
	○曲全体を味わって聴く。	・聴き取ったことと感じ取ったこととを分けて書くように例を示す等して声をかける。	
	○学習を振り返り，学習カードにまとめる。		態

6 本時の流れ（1／1時間）

○学習内容　・学習活動	教師の主な発問と子供の状況例	評価規準と評価方法
ねらい：リズム，旋律，拍について，聴き取ったことと感じ取ったこととの関わりについて考え，知識を得たり生かしたりしながら，曲の楽しさを見いだし，曲全体を味わって聴く。		
○曲全体を聴く。	「今日は，『メヌエット』という曲を聴きます。『メヌエット』は踊りの曲です。曲を聴いた後，感想を聞かせてくださいね」	
○曲全体を聴いて，気付いたことや感じ取ったことを話し合い，めあてを確認する。 ・曲全体を聴いて，聴いたことや感じたことを話し合う。	「『メヌエット』を聴いて気付いたことや感じたことは何ですか」 ・踊りたくなる曲でした。 ・ゆったりしている曲でした。 「『メヌエット』の曲の楽しいところを見付けて聴いてみましょう」	
○拍の特徴を聴き取る。 ・拍打ちをしたり指揮をしたりしながら聴く。	「さっき，○○さんが，三角の形の指揮をしていたけれど，それをまねして聴いてみましょう」 ・1，2，3のまとまりでした。 ・ミッキーマウスマーチは1・2・1・2…と行進する感じなので，この曲と違います。 ・激しい踊りではなくて，舞踏会で踊るような，ゆったりしている感じです。	
○旋律の特徴を聴く。 ・主な旋律を口ずさむ。 ・口ずさみながら聴く。 ○リズムの特徴を聴く。 ・旋律を口ずさみながら，旋律のリズムを手拍子しながら聴く。	「どのような旋律が聴こえましたか」 ・ラーララララララ・ラ～ ・なめらかな旋律なので，ゆっくり踊りを踊っているようです。 「リズムに合わせて手拍子を打ってみましょう」	知 発言 行動観察
○曲全体を味わって聴く。 ・指揮をしたり，体を動かしたりしながら聴き，感想を交流する。	「リズム，旋律，拍に着目して聴くと，曲の楽しいところが分かりましたね。最後に曲を通して聴いてみましょう」	思 発言 行動観察 学習カード
○学習を振り返り，学習カードにまとめる。	・この曲は，1・2・3の拍に合わせてゆったりとしてるようで気に入っています。	態 発言 行動観察

鑑賞・・・2年

7 授業づくりのポイント

❶ 曲を聴くとき，体を動かす活動を取り入れる

　曲を聴くときには，曲に合った動きをしながら聴くことで，曲の特徴や楽しさに自ら気付くことができます。特に低学年のころから曲を聴くときに体を動かす体験を積み重ねることが大切です。低学年の児童は「体を動かしてみましょう」というと曲に合わせて好きな動きをする児童が多いですが，どう動いたらよいか分からない児童には，指揮をする等，具体的な声かけをしてもよいと思います。はじめは「曲に合わせて体を動かしましょう」というような声かけになりますが，聴いていく中で，教師が本時で指導する音楽を形づくっている要素の特徴に気付いている動きをしている児童がいたら，その動きを取り上げ，「○○さんの動きをまねしてみましょう」と全体で共有し，全員で動いてみることによって，音楽を形づくっている要素の特徴に，どの児童も気付くことができます。

❷ 児童が自ら気付くことができるような発問や問い返しをする

　教師は，この題材で身に付けさせたい資質・能力を明確にして授業を考えますが，授業では，教師が教えたいことを一方的に教えるのではなく，児童が自ら気付き，考える授業を展開することが，主体的な学びにつながると言えます。曲を聴いたときに，児童が気付いたことを価値付けていくことや，教師が気付いてほしいことに気付いた児童には大きく反応したり，全体に「○○さんが言ったこと，みんなは分かった？」など問いかけたりすると，教師と発言した一人の児童とのやりとりから発展して，発言していない他の児童も「そうだったかな」，「私は分かったよ」となってきます。気付いてほしいことを教師から伝えるのではなく，児童が気付いたことに教師や他の児童が反応することで，意欲や思考が生まれるようになります。

❸ 児童が気付いたことを全体で共有し，音楽を聴いて確認する

　先ほど述べた通り，児童が音楽を聴いて気付いたことや思ったことについて，教師が板書等で整理した後「ゆっくりした踊りのようです」と発言した児童に対して，教師が「曲のどこでそう思ったの」，「どうしてそう思ったの」のように問い返しをすることで，「拍」についての気付きに促すようにすることが大切です。そうすることで「拍」についての意識が向くようになり，拍を意識して聴こうというようになります。次に教師は「では，音楽を聴いて確かめてみましょう」と声かけ，児童と一緒に音楽を聴くことで，実感を伴いながら「拍」の特徴に気付くことができるようになります。教師は，本題材，そして本時において身に付けさせたい音楽を形づくっている要素を絞り込み，その働きについての児童の気付きを全体で共有し，何度も音楽を聴いて確かめていく授業展開を意識することが大切です。

❹ 曲全体を聴いて思ったことを学習カードにまとめる

学習指導要領において，音楽を形づくっている要素は，内容の取扱いにまとめて示されています。鑑賞の活動においては，どの学年でも音楽を形づくっている要素を聴くことだけができればよいのでは，ありません。

音楽を形づくっている要素を聴き取ったり，感じ取ったりすることを関わらせながら，音楽の特徴に気付いたり，楽しさを見いだし，曲全体を味わって聴いたりすることが実現できるようにすることが大切です。

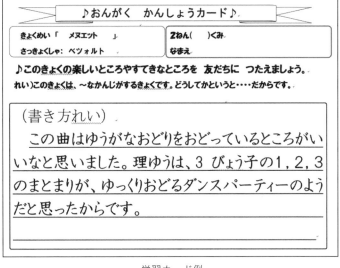

学習カード例

したがって，授業の最後には，自分では気付かなかったことに気付いたと振り返る中で，学びが深まります。

児童が曲全体をどのように味わって聴いたか，学んだ本人も教師もしっかり捉えることが必要です。そのために，最後に曲全体を聴き，思ったことを発言したり，学習カードに書いたりすることで，音声や文字情報で自分の考えを自覚していきます。

学習カードを書く目的は，自分にとってこの曲の価値を見付けることにでもあります。しかし，低学年では，文章を書く活動に対して，苦手意識をもつ児童が少なからずいます。教師も多くの支援が必要と考えている状況があります。曲を分析的に聴き文章にまとめる，というようなことではなく，「曲全体を見通しながら楽しさを見付け，考えをもつこと」が大切なのです。1時間の授業で音楽を形づくっている要素を聴き取ったり，その働きによる面白さや楽しさを感じ取ったりしてきた中で，学習の最後に曲全体を見通し，自分が楽しいと思ったところを短文でも自分なりにまとめることができればよいのです。

書く活動は，低学年からの積み重ねが必要です。書く際には，音楽を特徴付けている要素や音楽の仕組み（知覚）と，自分が感じ取ったこと（感受）を関わらせながら記述するように支援することが大切です。例えば，上記の学習カード例の他に，「この曲は，ラーラララララーラ・ラ〜のリズムが軽やかなステップを踏んで踊っているみたいです。舞踏会で楽しい時間を過ごしているようで好きなところです」などの例を示しながら，指導するとよいでしょう。

(山田　万里)

【執筆者一覧】

今村　行道	横浜市教育委員会首席指導主事
津田　正之	国立音楽大学教授
小梨　貴弘	戸田市立戸田東小学校
中嶋　秋子	横浜市立小雀小学校
大幸　麻理	横浜市立森の台小学校長
三好麻里子	福井市明新小学校
山本　　陽	千葉市立北貝塚小学校
増田　裕子	横浜市立洋光台第四小学校
天野　結美	千葉県船橋市立丸山小学校
西　　友希	千葉市立椎名小学校
澤野　和泉	横浜市立中村小学校
丸山　朱子	横浜市立六浦南小学校
西　久美子	横浜市立横浜深谷台小学校
十倍　　愛	さいたま市立大宮東中学校
西尾　暢子	横浜市立荏子田小学校
山田　万里	横浜市立元街小学校

【編著者紹介】
今村　行道（いまむら　こうどう）
横浜市立小学校教諭，横浜国立大学附属横浜小学校主幹教諭等を経て現在，横浜市教育委員会南部学校教育事務所首席指導主事。学習指導要領の改善に係る検討に必要な専門的作業協力者，評価規準，評価方法等の工夫改善に関する調査研究協力者。作曲を専門とし，作品に横浜市立茅ヶ崎台小学校校歌「ひかり輝く」等がある。

津田　正之（つだ　まさゆき）
北海道公立小学校教諭，琉球大学准教授，文部科学省教科調査官等を経て現在，国立音楽大学教授。博士（音楽）。小学校学習指導要領解説音楽編の編集に当たる。戦後の音楽教育史，米国統治下の沖縄の音楽教育史を専門とする。編著に『学びがグーンと充実する！小学校音楽　授業プラン＆ワークシート（低・中・高学年）』（明治図書），『「我が国の音楽」の魅力を実感できるワクワク音楽の授業―実践動画試聴ＱＲコード付』（学事出版）などがある。

新学習指導要領対応
小学校音楽イチ押し授業モデル　低学年

2020年11月初版第1刷刊 2024年1月初版第3刷刊	©編著者	今　村　行　道 津　田　正　之

発行者　藤　原　光　政
発行所　明治図書出版株式会社
http://www.meijitosho.co.jp
（企画）木村　悠（校正）奥野仁美
〒114-0023　東京都北区滝野川7-46-1
振替00160-5-151318　電話03（5907）6703
ご注文窓口　電話03（5907）6668

＊検印省略　　　　組版所　広 研 印 刷 株 式 会 社

Printed in Japan
JASRAC 出 2006592-303
ISBN978-4-18-351115-7

もれなくクーポンがもらえる！読者アンケートはこちらから　→